滨海旅游业资源开发及低碳化发展路径

杨立铭◎著

吉林出版集团股份有限公司
全国百佳图书出版单位

图书在版编目（CIP）数据

滨海旅游业资源开发及低碳化发展路径 / 杨立铭著. -- 长春 : 吉林出版集团股份有限公司, 2024.4
ISBN 978-7-5731-5132-2

Ⅰ.①滨… Ⅱ.①杨… Ⅲ.①滨海旅游 – 低碳经济 – 旅游业发展 – 研究 – 中国 Ⅳ.① F592.3

中国国家版本馆 CIP 数据核字 (2024) 第 111071 号

滨海旅游业资源开发及低碳化发展路径
BINHAI LÜYOUYE ZIYUAN KAIFA JI DITANHUA FAZHAN LUJING

著　　者	杨立铭
责任编辑	宋巧玲
封面设计	张秋艳
开　　本	710mm×1000mm　　1/16
字　　数	193 千
印　　张	11.75
版　　次	2025 年 1 月第 1 版
印　　次	2025 年 1 月第 1 次印刷
印　　刷	天津和萱印刷有限公司

出　　版	吉林出版集团股份有限公司
发　　行	吉林出版集团股份有限公司
地　　址	吉林省长春市福祉大路 5788 号
邮　　编	130000
电　　话	0431-81629968
邮　　箱	11915286@qq.com
书　　号	ISBN 978-7-5731-5132-2
定　　价	71.00 元

版权所有　翻印必究

前 言

滨海旅游作为一种独特的旅游形态,以海洋资源为基础,以海滨地带为核心,以海洋文化为内涵,已经成为当今旅游业的热门发展方向之一。滨海旅游业资源开发既是滨海地区经济发展的需要,也是滨海旅游资源保护和可持续利用的需要。滨海旅游业资源开发是保护滨海旅游资源、促进滨海旅游可持续发展的重要手段。滨海旅游业能够通过实施节能减排措施,为国家低碳经济的建设提供一定支持。发展滨海旅游业,不仅有助于推动海洋经济向低碳化方向发展,还能推进我国旅游业走向更为环保的可持续发展之路。旅游业是一种复合型产业,包括"吃、住、行、游、购、娱"六个领域,且与该产业相关的行业涉及旅游交通、旅行社、旅游饭店和旅游景区。旅游业低碳化可以带动相关产业的低碳化发展,从而进一步提升我国低碳经济的发展效率。

本书第一章为滨海旅游概述,分别介绍了滨海旅游的含义及属性、滨海旅游的文化内涵、滨海旅游的经济作用三个方面的内容;第二章为滨海旅游业资源开发及管理,主要介绍了四个方面的内容,依次是滨海旅游业资源系统分析、滨海旅游业资源开发模式、滨海旅游业资源开发路径、滨海旅游业资源管理方式探索;第三章为滨海旅游业发展经验及趋势,分别介绍了三个方面的内容,依次是国内滨海旅游业发展经验、国际滨海旅游业发展经验、滨海旅游业发展趋势;第四章为滨海旅游业低碳化发展理论及路径,依次介绍了滨海旅游业低碳化发展政策、滨海旅游业低碳化发展体系、滨海旅游业低碳化发展现状、滨海旅游业低碳化发展路径四个方面的内容;第五章为滨海旅游业低碳化发展分析，主要介绍了三个方面的内容，分别是江苏滨海旅游业低碳化发展、海南滨海旅游业低碳化发展、河北滨海旅游业低碳化发展。

  本书受到河北省高等学校人文社会科学重点研究基地经费资助（项目名称：滨海旅游业低碳化发展途径与策略研究，项目编号：HYYB202310），作者单位为河北科技师范学院海洋经济与沿海经济带研究中心。在撰写本书的过程中，作者参考了大量的学术文献，得到了许多专家、学者的帮助，在此表示真诚感谢。由于作者水平有限，书中难免有疏漏之处，希望广大同行批评指正。

杨立铭

2023 年 7 月

目 录

第一章　滨海旅游概述……………………………………………………… 1
　　第一节　滨海旅游的含义及属性………………………………………… 2
　　第二节　滨海旅游的文化内涵…………………………………………… 15
　　第三节　滨海旅游的经济作用…………………………………………… 28

第二章　滨海旅游业资源开发及管理……………………………………… 33
　　第一节　滨海旅游业资源系统分析……………………………………… 34
　　第二节　滨海旅游业资源开发模式……………………………………… 59
　　第三节　滨海旅游业资源开发路径……………………………………… 67
　　第四节　滨海旅游业资源管理方式探索………………………………… 69

第三章　滨海旅游业发展经验及趋势……………………………………… 79
　　第一节　国内滨海旅游业发展经验……………………………………… 80
　　第二节　国际滨海旅游业发展经验……………………………………… 99
　　第三节　滨海旅游业发展趋势…………………………………………… 115

第四章　滨海旅游业低碳化发展理论及路径……………………………… 123
　　第一节　滨海旅游业低碳化发展政策…………………………………… 124
　　第二节　滨海旅游业低碳化发展体系…………………………………… 136
　　第三节　滨海旅游业低碳化发展现状…………………………………… 141
　　第四节　滨海旅游业低碳化发展路径…………………………………… 143

第五章　滨海旅游业低碳化发展分析……………………………………167
　　第一节　江苏滨海旅游业低碳化发展……………………………168
　　第二节　海南滨海旅游业低碳化发展……………………………173
　　第三节　河北滨海旅游业低碳化发展……………………………177

参考文献……………………………………………………………………181

第一章　滨海旅游概述

　　滨海旅游是一种与海洋相关的旅游形态，具有独特的魅力和吸引力。滨海地区的海洋资源丰富，拥有壮丽的海滩、清澈的海水、多样的海洋生物等，这些资源为滨海旅游提供了得天独厚的条件。滨海旅游不仅可以满足人们对海洋的向往和探索欲望，还可以促进滨海地区的经济发展，提升当地的知名度和形象。此外，滨海旅游还可以推动当地文化的传承和发展，促进海洋文化的繁荣。本章为滨海旅游概述，分别介绍了滨海旅游的含义及属性、滨海旅游的文化内涵、滨海旅游的经济作用三个方面的内容。

第一节　滨海旅游的含义及属性

一、滨海旅游的含义

旅游活动本质上是极为复杂的，旅游学领域采纳了"旅游类别"一词，对旅游活动进行分类。旅游类型指的是各种不同的旅游活动所表现出来的具体形式，该定义来源于旅游活动项目具备多样性特征、差异性特征、特色性特征。对旅游类型进行研究，其目的是对不同的旅游活动进行归类，并对不同类别的旅游活动的特点加以分析，以支持旅游活动的规划和推进，从而持续推动旅游产业的发展。现如今，无论是国内还是国外，都缺乏一种一致地、准确地对旅游类型进行分类的方法。通常情况下，人们会从不同的研究角度出发，归纳出不同的旅游类型。较为常见的分类方式有：根据地理位置的不同进行分类，我们可将旅游活动分为国内旅游和国际旅游；根据所具备的特点进行分类，旅游活动可以在海滨、山区、城市、湖泊、文化古迹和森林等地区开展；根据游客的兴趣和需求进行分类，旅游活动包括度假、观光、文化探究、极限挑战、体育运动和宗教朝拜等类型。

以旅游资源所在地的地域特征为标准对旅游活动进行划分，我们可以明确海洋旅游和滨海旅游等不同类型的旅游。相较于滨海旅游，海洋旅游的范围更加广泛，它们之间的差异表现为是否基于陆地边缘。海洋旅游项目包括在深海中捕鱼以及乘坐帆船游览。从旅游学领域角度看，对海洋旅游的定义存在多种描述方式，这与其他概念的界定方式相似。

董玉明认为："所谓海洋旅游，是指在一定的社会经济条件下，以海洋为依托，以满足人们精神和物质需求为目的而进行的海洋游览、娱乐和度假等活动所产生的现象和关系的总和。"[①]

[①] 李瑞，吴殿廷，朱桃杏.基于内涵界定的我国滨海旅游发展模式研究[J].热带地理，2012，32（5）：527-536.

从地理学的角度看，滨海区域是陆地和海洋系统相互交汇的区域，这两个系统的相互影响在滨海区域得到了体现。可以说，这个区域是不断变化且充满活力的区域。滨海包括陆地沿海带、受潮区海滩、陆地范围内接触海底的部分和连接海岸线的海域。这些地区相互补充，是维系滨海完整环境的要素。

所以，滨海旅游是以海滨、海岛和海洋景观为中心的旅游业经营和服务活动，包括海岸线和近海水域的各种旅游、休闲娱乐活动。从范围上看，滨海旅游主要涵盖沿海地区和相邻海域，包括各种与旅游、休闲和娱乐有关的活动。

二、滨海旅游发展阶段

（一）滨海旅游的孕育阶段

人类古代的出行（更准确地说应该是旅行），大多是为了谋生或从事政治、外交、军事等活动，但也有现代意义上的旅游活动——为了身心舒适愉悦离开家乡，外出游山玩水，寻访名胜。中国古代还把游山玩水、寻访名胜看作一种获取知识和能力的重要途径，有"读万卷书，行万里路"之说。由于古希腊和古罗马位于地中海沿岸，与中国相比，它们与大海的联系似乎要广泛和密切得多。古罗马时代的奥古斯都皇帝，就在今天被称为"欧洲旅游中心"的卡普里岛修建避暑行宫。以后历代帝王、诸侯、贵族、富商不断在这里修建别墅，来此休闲享乐。不过这仍不能算现代意义上的滨海休闲旅游。

18世纪初期是滨海旅游的发轫时期。据相关历史记录，英国斯盖堡拉和布莱顿在1730年创造了最早的海水浴。1754年，身为医生的罗素发现海水具有治疗一些病症的功效。为了让更多患者受益，他以布莱顿海岸旁的一个小渔村为址，建造了专门用于海滨疗养的场所。30年之后，布莱顿因雷根特王子来此进行疗养而声名大噪，广为世人传颂。为了吸引更多人到访疗养地，该海滨疗养地配置了各种医疗设备，并建设了档次不一的旅馆和别墅，同时增添了各种娱乐设施。此时，滨海旅游产业初露端倪。

从古代中国的王公贵族、文人雅士游山玩水，罗马帝王诸侯在滨海、海岛修建行宫、别墅，到英国布莱顿海滩建成疗养胜地，经历了约2000年漫长的时光。这一时期，尽管人们对滨海休闲、滨海疗养有了一定的认知，但他们往往只能在海滨、海岛上收获生理方面的价值，在心理上仍然没有什么变化。滨海旅游被视作个人行为，而非普遍的和群体的。现代意义上的滨海旅游尚未真正诞生。

（二）滨海旅游的诞生阶段

19世纪上半叶，火车和轮船作为交通工具出现。19世纪30年代后，欧美等国家铁路运输飞速发展，不到30年时间，铁路已四通八达。火车促进了人口的流通和国内旅游业的迅速发展，而轮船则促进了国际的交流和国际旅游的发展。城市的发展不断扩充着交通、工业和商业等领域的规模，这对人类的生活方式产生了深远的影响。首先，人类物质财富不断增长，社会交流的范围也日益扩大；其次，生活节奏加速，人们承受着越来越大的心理压力。因此，改善广大劳动者的工作条件和生活水平、调整他们的心理状态，以及延长他们的休息时间，已成为社会各界所共同提出的诉求。据资料记载，1871年英国开始实行"八月海岸休假日"，当年的8月7日即为第一个法定海岸休假日。

随着铁路的不断扩建，越来越多的游客把布莱顿视为心中重要的健康康复和休闲度假场所。并且，受此影响，位于波罗的海和欧洲大西洋海岸附近的许多地方先后成为旅游胜地，很多游客纷纷到此进行度假。南欧地中海沿岸地区还出现了适合在冬季进行避寒、疗养休闲的度假胜地。其中，意大利的圣雷莫、博盖拉等地知名度较高。随着越来越多的人前往地中海沿岸寻求避寒疗养和度假，全球的亚热带岛屿和沙滩旅游业也开始兴起。

（三）滨海旅游的发展阶段

海岛、滨海旅游发展的第三阶段，从时间上看为19世纪末到20世纪第二次世界大战期间。这一时期，推动滨海旅游业发展的有三项主要动力：

第一动力是汽车。从19世纪末发明内燃机，到第一次世界大战爆发，世界各发达资本主义国家已公路纵横，并且汽车开始普及到家庭。据统计，当时美国已有 200 万辆私人汽车，英国已有 13.2 万辆私人汽车。20 世纪 20 年代后，汽车的技术改进和成批生产使汽车迅速普及。[①] 到二战前，在发达国家，汽车已不再是有钱人的身份象征，开始走进普通人的家庭。汽车的迅速普及，使外出旅游变得更加方便，使滨海旅游的质量和效率也大大提高。那些有私人汽车的人，一到假日就开车前往旅游目的地，其中许多人前往海滨。

第二动力是社会上回归自然、热爱自然观念的出现。在城市运动、城市工业化不断发展的情况下，越来越多的人逐渐开始对现代生活的快节奏与喧嚣表示反感，他们希望重回大自然的怀抱。对于这类人而言，海滨、海岛就是极为可取的旅游目的地。

第三动力是经济发展，使有钱旅游的人不断增多。这一时期的海岛、滨海旅游特点是：滨海、海岛旅游已成为人们的一种自觉追求，去海滨游泳、休闲度假成为共同的向往。滨海、海岛旅游开发成为一项有利可图的投资，实业家们纷纷将注意力转向滨海旅游业。在欧美一些著名的海滨隆起了一幢幢高楼大厦和种类繁多的娱乐设施。

（四）滨海旅游的繁荣阶段

第二次世界大战后，世界热带亚热带海岛、滨海旅游出现空前的繁荣。二战前海岛、滨海旅游主要在欧洲的大西洋沿岸及地中海地区。自从第二次世界大战结束后，几乎所有拥有岛屿和海滨的国家或地区都积极发展旅游业，尤其是海岛、滨海旅游。世界各国都认识到，海岛和滨海是重要的旅游资源，积极利用这些资源发展旅游业，能够在很大程度上提升本国的综合经济实力。

滨海旅游出现繁荣局面基于多种原因：第一，飞机成为民用交通工具。二战结束后，随着大型客机的采用，世界民航业迅速崛起。由于从 1952 年起欧美航空公司采用旅游票价，使乘坐飞机的实际票价不断下降，到 1957 年横渡大西洋的空运人数首次超过海运。火车和汽车的普及，主要使国内旅游和邻国旅游成为可能，而飞机的普及则使国际旅游成为现实。第二，全球范围内的基本和平局面。战争是制约旅游业发展的因素，而旅游业是体现和平、促进和平、增进了解的最佳方式。在和平的世界环境下，持续的自由贸易促

---

① 刘洪滨. 山东省滨海旅游及旅游业 [M]. 北京：海洋出版社，2004.

进了国际经济的发展，更促进了国际政治、文化的交流。在全球局势基本稳定的局面下，许多国家制定了互免签证、自由兑换货币、开放领空、开放对外国际航线的旅游政策，大大推动了国际旅游业的发展。第三，旅游意识增强。二战后，全球经济蓬勃发展，人们的收入水涨船高。在发达国家里，有相当多的人可以利用带薪休假的时间进行旅游度假，人们对旅游的观念随之转变。旅游不再是奢侈的、额外的、可有可无的一种观光或休闲活动，而是一个人不可缺少的生活内容。第四，国家独立运动。国家的独立，使一些新型的国家自己管理自己、发展自己的旅游业成为可能。

二战后，各殖民地人民纷纷觉醒，帝国主义也从两次世界大战中获得教训，逐渐放宽对殖民地的统治，于是在大洋洲、南美洲、亚洲、非洲相继出现了国家独立运动。处于热带亚热带海岛滨海区域的独立国家有：太平洋中的西萨摩亚、瓦努阿图、图瓦卢、汤加、所罗门群岛、巴布亚新几内亚、瑙鲁、马绍尔群岛、基里巴斯、斐济；加勒比地区的特立尼达和多巴哥、圣文森特和格林纳丁斯、圣基茨和尼维斯、圣卢西亚、牙买加、格林纳达、多米尼加联邦、伯利兹、巴哈马、安提瓜和巴布达；东南亚的印度尼西亚、新加坡、马来西亚、菲律宾、缅甸、文莱、老挝。此外，还有印度洋和非洲的一些国家。其中，东南亚的新加坡、马来西亚、印度尼西亚、菲律宾，加勒比地区的牙买加、巴哈马，地中海地区的塞浦路斯、马耳他，现已成为世界热带海岛滨海旅游胜地和发达的旅游国家。

在此期间，人们大多以热带、亚热带海岛和滨海为海岛旅游、滨海旅游的最佳目的地。海岛、滨海旅游兴起阶段，旅游的重点在西欧、北欧的波罗的海及大西洋沿岸，之后地中海的亚热带气候优势，使它迅速取代前者，成为滨海旅游的主要目的地。二战后，热带旅游迅速崛起，加勒比、东南亚、夏威夷成为新的旅游天堂。而波罗的海及大西洋沿岸的温带旅游胜地、名扬世界的英国的布莱顿海岸，却渐渐地退居次要。西班牙的太阳海岸、澳大利亚的黄金海岸、泰国的芭堤雅海岸、美国夏威夷的威基基海岸已成为新的滨海旅游胜地。

这一时期，在发展传统滨海旅游的同时，度假地旅游逐渐成为新的旅游形式。度假区的活动内容丰富多彩，主要有体育、娱乐、疗养、康复、观光五大项。一方面保持传统的疗养康复目的，但更主要的目的则是为休闲者提供一种新的生活环境和生活方式，以减轻都市生活的紧张和疲劳。度假地与传统的滨海浴场有所不同。滨海浴场有的在郊外，有的在市内，由于游客多，往往相当喧哗。度假地设施则往往在郊外，许多度假村则建在海岛上。如意大利的卡普里岛、法国的科西嘉岛、西班牙的马略卡岛、墨西哥的坎民岛、印度尼西亚的巴厘岛、泰国的布吉岛等，都是世界著名的度假旅游胜地。

直到 21 世纪初期，许多国家和地区开始重视海岛和滨海旅游业，将其视为经济收益和外汇储备的重要来源。按照世界旅游组织的研究结果，全球旅游业在 1992 年就已经成为所有产业中最为重要的产业，甚至超过了石油产业。而仔细研究旅游业，我们可以发现热带和亚热带的岛屿以及海岸线附近的滨海旅游是增长速度最快的。在百慕大、巴哈马、安提瓜和巴布达、圣克里斯托弗和尼维斯、开曼群岛、荷属安的列斯等加勒比海岛，旅游业占国民收入的一半以上。1994 年 12 月 19 日，第 49 届联合国大会宣布 1998 年为国际海洋年。可以预见，当人类步入海洋世纪之时，滨海旅游的前景也会因此而更加广阔。

三、滨海旅游的属性

（一）自然属性

1. 温和的海滨气候

海滨气候又称海洋气候，地球上气候形成的原动力来自太阳的辐射能，海洋的独特性为滨海地区创造了明显不同于陆地的气候。第一，相对于陆地上的土壤，海水能够更深度地接受阳光的照射，也就是说，太阳光能触及海水的表面，也能触及海水深层（深处），从而提升海水的整体温度。第二，由于水具有流体性质，它可以通过流动将热量从甲地传递到乙地。因而，水面上的太阳光热能可以立即传递到海洋水体内部。此外，与土壤相比，水的热容量要高。这三方面的因素导致在接收相同数量太阳能的情况下，海水的升温速度低于陆地土壤。并且，海水在夜晚和冬季的冷却速率远远低于陆地土壤。换言之，海洋这一巨型水体的调节作用可减慢滨海地区气候的变化，相对于内陆来说，滨海地区的气候较为温和，这一地区白天和黑夜的气温变化以及季节差异比内陆温和得多。其冬天的气温相对温暖，夏季气温相对凉爽，并且很少出现结霜的情况。海滨气候使得滨海地区一年四季温差较小，平均不超过15℃。在夏天，内陆很热，而海边则有凉爽的海风。随着秋季离去，寒风在内陆已经变得十分刺骨，而滨海地区依然保留着温暖的气息。

2. 清新的海陆风环流

当我们居住在滨海地区时，会发现当地的风向在一天之内会有一定的变化规律。当旭日升起时，海面上吹来的凉爽的风会在陆地区域"盘旋"，使得空气变得清新宜人。尤其在炎热的夏季，吹拂着清凉的海风，会让滨海地区的人们感到舒适惬意，也有助于他们消除疲劳。夜幕降临后，风逐渐转向，从陆地吹向水面，人类活动所产生的污浊空气会被带走。这种游荡在海陆之间的风源于海洋和陆地之间的温差，在白天或者夏季，滨海地区的海陆风会更加容易被察觉到。

3. 日照充足、海滩松软

众所周知，和其他地区相比，滨海地区拥有充足的日照，"即使在雨季，这类地区的日照率也能够保持在50%左右"[1]。此外，滨海地区往往具备许多自然形成的可供日光浴和海水浴的场所。在滨海地区，阳光明媚的天气、宽广的地平线、湛蓝的天空、飞翔的海鸟以及持续不断的规律性波涛声，都有助于改善人类的心理健康和身体健康。

（二）休闲属性

滨海地区的温和气候使得当地气温四季宜人、阳光充足，再加上迷人的水天一色的景色，能够让人感到宁静愉悦。此处的海滩能够给人们提供一个理想的场所，供人们沐浴阳光、享受海水浴的舒适与乐趣。此外，海水中还含有对人体有益的多种矿物质元素，如钾（K）、钠（Na）、镁（Mg）、碘（I）、

---

[1] 陶祖文. 关于日照计的感应性能和实际日照百分率的确定[J]. 气象学报，1964（2）：5.

氯（Cl）、钙（Ca）等。并且，在滨海地区的空气中，氧（O）和臭氧（O_3）的含量也相对较高，能够促进人体伤口、骨折的康复，有益于人体健康。所以，在法国创立全球第一个海滨疗养中心之后，滨海疗养的理念在全球范围内得到快速的传播和推广。每逢夏季，生活在喧嚣都市里的人们纷纷拥向滨海地区，在海水中尽情嬉戏后，再躺在细软、洁净的沙滩上沐浴日光。

（三）消费属性

1. 海鲜美食

在旅游过程中，很多人都希望尝试当地的美食，这是旅游文化、旅游体验的重要组成部分。滨海地区具备丰富的渔业资源，很多国家都对其进行了大力的发展，而滨海地区往往具备十分发达的海产品人工养殖业。滨海地区大多拥有丰富多样的海鲜美食，是喜好美食旅游的人不容错过的地方。除此之外，滨海地区气候温和潮湿，各种水果特产极为丰富，可供广大游客品尝。参观海岸、游览海景、品尝海鲜已经成为滨海地区绝大部分游客选择的流行活动。

在滨海地区，海洋资源丰富，人们可以品尝到丰富多样的美食。便捷的交通，有助于人们保持全面均衡的营养摄入。相对于我国内陆地区，滨海地区的局部性甲状腺肿、克山病和蛀牙等疾病的患病率较低。由于海水中有害物质的含量相对较低，海洋成为许多生物的居所，海洋生物也因此成为人们理想的食物来源，它们含有人体必需的多种元素。除此之外，滨海地区具有温暖潮湿的气候条件，能够为当地水果的生产提供独特的自然环境优势。比如说，秦皇岛的水蜜桃、烟台的苹果、海南的椰子等优质水果全国闻名，这些水果品质上乘，不仅口感鲜美，还可以满足人体对多种营养物质的需求。

2. 景观设施

滨海地区风景迷人，适宜人们游览旅游。海岸地貌在所有地貌旅游资源中可谓独树一帜。海岸线的形态和景观是由多个因素共同塑造的，包括地质变化、潮汐与海浪的冲刷、气候作用和生物活动等。无论是海蚀洞、海滩、海蚀崖、海蚀穴，还是海蚀蘑菇、岬角后退形成的海蚀柱等，都属于亮丽的风景线，美丽又壮观，极具观赏价值。另外，热带、亚热带的珊瑚海岸和红树林海岸也是绝美的风景。珊瑚呈现出不同的形态，一些看起来像鹿角，而另一些则类似于树枝，其颜色也千差万别，有的为红色，有的为白色，有的为绿色，同样具备很高的观赏价值，自古以来就被人们视为极为珍贵的宝物。在珊瑚礁区域，通常拥有极为丰富的海洋生物资源，因此，很多游客来到此处进行潜水旅游和海底观光。游客们可以乘坐观光潜艇，在海底欣赏壮观多彩的海底世界，别有一番风味。

滨海地区拥有独具特色的景观。第一，城市滨海景观具有多重功能，不同于城市外的滨海地区景观，它不仅能被用作旅游景点，还能成为城市公园的一部分，以烘托城市整体形象。在进行设施建设时，规划者需要全面考虑游客和当地居民的利益和需求，以实现双方的诉求平衡。第二，滨海地区还保有许多稀有、珍贵的历史文化和自然遗产，具体包括文化遗产、古代遗址以及传统街区等。这些遗产具有极其重要的价值。此外，来往游客还能欣赏到独特的城市建筑、城市广场和城市公园等，能感受到独特的都市风光和生活气息，能收获娱乐设施带来的休闲愉悦感。这些风景和娱乐设施是滨海旅游的关键组成部分，可以为旅游业带来许多商机。我们需要知道的是，滨海旅游的总体面貌是由滨海地区的综合面貌、服务设施和绿化环境等要素共同塑造而成的。

四、滨海旅游地区的开发建设

（一）滨海旅游地区开发的技术原则

1. 滨海旅游新区与建成区的充分协调原则

对于滨海旅游地区的规划建设，滨海城市相关人员应该将其视作整个城市发展的一个组成部分，而不能将其视作独立的单个实体，要充分考虑这类地区与整个城市间的相互关系。

在规划和建设阶段，规划者不仅需要妥善处理好新建区与旧区之间的关系，还需要考虑这两类地区在建设期间的功能互补和交通组织等多方面因素，以确保建成后的新区与老区之间能够形成良性互动。通常情况下，对于一个城市来说，其滨海旅游区域与城市内其他区域是相互连接、互有影响的。根据不同的功能需求，我们可以把与滨海旅游地区接壤的城市土地分为以下几种类型：第一种是中心商务区（CBD），第二种是以住宅为主的一般城市区域，第三种是指城市的外围边缘区，第四种是城市的郊外地带，第五种是指那些未进行过城市化开发的生态保护区域，包括耕地、沼泽、森林等。为了使滨海旅游新区与已建成区之间相互协调，规划者必须采用足够开放的空间布局，以确保两个区域之间衔接顺畅。在规划时，规划者需要考虑新的滨海旅游项目，以改善原有市区建设项目的整体规划。为了连接城区和沿海旅游区域，规划者需要考虑构建便利的公共交通和步行系统。

国内外的经验证明，滨海旅游地区的开发周期长，往往要10年以上的时间，在滨海旅游地区开发初期，不借助于建成区，新区的吸引力将十分有限。在此期间，如果能够依托原有城市中心商业区或一般市区，则可以弥补建设过程中"人气"的不足。进一步地说，一个成功的项目有经济增长、增加就业机会和改善城市面貌等多个指标。紧密地依托建成区，好处在于，与市中心互动有助于促进经济增长，靠近市中心有助于增加就业机会和吸引投资，较容易得到政府的支持等。

2. 滨海景观资源的共享原则

纵观一个城市的风景，滨江地区、滨海地区、湖岸地区常常是最具特色、最美丽的，能够在很大程度上展示这一城市的特点。所以，规划城市的一个原则是规划者必须特别关注这类区域，保留并突出这些区域的共享性。此外，在规划陆地和水体时，规划者也要着重考虑共享性特征，同时确保水体周围的陆上空间与水体不仅具备公共性，还要相辅相成。

让所有市民都从滨海旅游地区受益，可同时产生社会效益与经济效益。但存在一种短视的行为，即将滨海旅游区的岸线分割并出售给旅游投资者。尽管这种做法短时间可能会为城市带来更多的土地开发资金，但从长远来看，这会影响游客数量和滨海旅游的热度，进而对经济效益产生负面影响。此外，从普通市民的视角来看，城市建设项目成功与否，可以通过能否相互分享城市的美景加以衡量。保护水岸资源具有至关重要的意义，然而，在许多滨海旅游区域（特别是中小城市），普遍存在"水域占用"现象。在此情况下，对共同利用水岸资源进行重点强调是很有必要的。

3.海岸线旅游的永续利用原则

海岸线作为珍贵的旅游资源，其自身的可持续利用是一个十分重要的问题。虽然在一般情况下，滨海旅游地区需要对陆地进行规划，但滨海旅游地区具备的近水性特征，使得它相较于其他地区，有着更为突出的陆地规划优势。所以，在对滨海旅游地区进行开发的过程中，我们不能只关注陆地区域，也要关注与"水"有关的区域。"水"区域的质量和旅游容量等，是可持续利用中的主要关注点。

滨海旅游规划者应首要重视的是水体的质量保护与管理。水质保护关乎滨海旅游地区的开发成效，因为即使滨海地区具备美丽大气的陆上建筑，如果水体的质量较差，滨海旅游开发项目也可能以失败告终。水体保护涉及方方面面的因素，包括和上游用水、排水单位的关系。还有对水体的使用，如网箱养鱼，可能导致水体富营养化而影响水质，应加以控制。

目前人们尚未找到一种能被各方普遍认可、具备高可行性的方法来控制滨海旅游区的游客流量和环境容量。长久以来，环境的承载能力与游客的数量之间一直存在冲突。当游客数量减少时，旅游地区无法收获理想的经济效益；当游客的数量过多时，会对旅游地区的环境造成压力和损害。在滨海旅游业具备巨大商机、面临不可多得的机遇的情况下，我们的头脑应该保持清醒，确保对旅游地区实施的规划能够兼顾开发与保护。同时，我们需要在经济、社会和环境三方面效益协调统一的前提下，合理规划旅游业的发展。

（二）滨海旅游地区规划建设的技术要点

1.项目布局的基本要求

滨海旅游地区的规划由于所在的地理位置、开发的性质（旧滨海旅游地区改建、新滨海旅游地区开发）及当地地形条件（河川、山坡或高地）等不同，有相当大的特殊性。讨论规划布局问题无法脱离当时当地的现状，但是，滨海旅游地区布局的共性问题是一致的。基本的要求是简化滨海旅游地区的交通组织，创造吸引人的近水环境，合理组织用地。其中，公共性强、使用者多的项目应优先布置在最接近水体的地方，其他用途可采用分段、分层的方法布置。

分段布置是指不同使用功能的项目分段安排（但可能仍在同一平面上）。吸引人流最多的项目，如旅游、休憩、水上运动、购物宜放在中心地段，旅馆则靠近中心地段，比较边缘的是办公建筑。分段不分层的方式可节省投资，易于分期实施，故多用于对现有滨海旅游地区的改建，因为这种方式可以先改建某一滨海地段而不触动现时难以改动的地段。缺点是不能立即形成新的面貌，所以要预先制定好远期规划，防止"零敲碎打"式的开发重建。典型的例子是，旧金山市自金门大桥向东南沿海地带集中了旅游、购物等项目，而将轮渡、码头集中保留在另一段上。

分层布置是指利用滨海旅游地区的地形条件（高差）对项目进行分层安排。如果有地形可用，将滨海旅游地区项目分层安排是十分有利的。但这类做法投资大、工期长，管理上也比较复杂，多在特大城市的新滨海旅游地区开发时才采用。

总之，滨海旅游地区布局的目标是简化交通而又保证与市区的联系。无论采用分段或分层安排不同的功能都基于同样的考虑。应当利用地形，根据当时当地的实际情况来实现这一目的。

2. 海岸线的规划、利用要求

尽管滨海城市的岸线资源独具特色，它们的数量却十分有限。在被占用的情况下，人们很难对这类资源进行改变调整。甚至有的地方，不惜浪费岸线资源，占据很多不必要和不合理的区域。滨海城市总体规划的核心之一是岸线利用规划。部分沿海城市从本市特定情况和需求出发，针对性地制订了一系列岸线利用规划方案。

对岸线进行规划时，规划者需要有条理地使用岸线资源，不能浪费，因为浪费岸线资源对城市经济的可持续发展会产生负面影响。滨海城市在发展过程中会体现出阶段性特征，这一特征使得岸线资源的利用也表现出阶段性。

因此，从空间角度出发，将特定阶段的岸线利用进行分区；从时序角度出发，将特定地域的岸线利用分时分段，能够促进岸线的合理规划与妥善调整。

就滨海岸线的功能而言，我们可以将其分为两类，一种是为生产服务的岸线，另一种是为居住和生活服务的岸线。随着滨海城市经济的迅速发展，生产岸线比重不断增加。这类岸线周围的工业设施包括但不限于临海工业区、渔业港口、水产码头、储冰码头、制盐厂、销盐港口、渔船避风场所以及船只的停泊区。生活岸线覆盖范围广泛，包括沿海房地产、海上公园、度假俱乐部、沙滩和海岸边的绿地，以及医疗和文化设施等。在规划生产岸线和生活岸线的建设方案时，规划者需要考虑各种需求的平衡，突显滨海城市的特点，从而既有效充分利用岸线资源，又确保其开发合理性。

发展旅游业的基础是滨海城市的岸线景观。因此，规划者应在规划利用过程中特别重视自然环境和景观的保护。也就是说，规划者应该以尊重和保护海滩和岸线的自然特色为基础，致力于实现合适的滨海旅游岸线开发；要强调展现海岸城市建筑景观的独特地理和文化特色，以轻盈、明亮的景观形式为重点，让海岸线与建筑物自然流畅地融合，进而向公众展现出自然环境与人工建筑的互补和相辅相成关系。当然，规划者要打造丰富多彩的景观，以此为基础烘托城市独特的风貌。

岸线利用规划的关键因素包括岸线分配、景观布局、港址选择和用地优化等方面。除景观布局应当遵循前述的技术原则之外，其他方面亦有其特定技术要求。

第一，对岸线进行规划利用，要规划出基本分配原则，以便规划者以原则为基础，对生产生活、深水浅水两类岸线及其周边环境开展保护性利用。当然，对岸线规划时，要时刻秉持兼顾开发、生产、生活的理念。同时，规划者要确保岸线的工业区位选址、渔业基底开发、岸线旅游资源利用等符合相应要求，从而最大化、最理智地运用岸线资源落实经济策略。

第二，对用地进行优化。岸线后方的用地规划和岸线利用规划息息相关。在岸线开发计划实施过程中，土地规划发挥了至关重要的作用，而岸线规划的实施又对土地的布局和结构产生了一定影响。从理论角度出发，在规划海岸线后方的用地时，规划者应首先考虑那些与港口工业及生活无关或关联较小的区域布局，以便更好地利用海岸线的居住空间。同时，规划者还需重视规划中的观海走廊，将海洋元素巧妙融入城市空间中。这样一来，将会有更多的城市居民能够享受到靠近海洋的生活环境。

3. 交通组织的基本要求

我们可以将滨海旅游地区视作规模庞大的尽端路，沿途所有道路都以滨海旅游地区为终点。滨海旅游地区不仅要容纳渡轮或设立码头，还要供广大游客进行交通上的水陆换乘。这也从侧面反映出，这一类型的旅游地区具备十分复杂的交通组织。

我们可以"分"字对常见交通规划措施进行总结：其一，把过境交通、滨海旅游地区的交通分离，进行有针对性的规划；其二，把步行、车行两种系统分离，进行有针对性的规划。

另外，规划者要确保区域的路网和周边地区的路网能够互相连接，不仅要对周边地区的路网功能、路网级别进行掌握，更要在数量层面、走向层面、岸线联系方式层面，对货运通路、生活性道路进行明确，保证城市道路网衔接合理，人们可以从滨海地区顺利、顺畅地到达城市的每一处。对于规划者乃至城市居民、来往游客而言，要想保证交通足够简化，必须以公共交通作为主要出行交通方式。因此，规划者可以针对滨海旅游设置专门的公交路线或高架轻轨，使滨海旅游地区与城市要道得以互相连接。

第二节 滨海旅游的文化内涵

"中国是世界上重要的海洋大国之一，其濒临太平洋，拥有1.8万千米的大陆海岸线，500平方米以上的岛屿有6500多个，同时，我国还拥有14个沿海城市和经济特区，这些沿海城市和经济特区具有全面开放的特点，为我国的经济发展和对外交流提供了重要支持。它们位于海岸线上，成为我国面向世界的重要窗口，促进了贸易、文化交流和科技合作，在国家整体行政区划中占据着重要地位。对这些区域的合理规划和有效管理，将有助于更好地发挥其在国家发展中的战略作用,实现经济的可持续增长和人民生活水平的提高。"[1] 作为世界上重要的海洋文化大国之一,我国的滨海旅游文化更是丰富多彩,这也源于中华民族自古与海洋之间结下的不解之缘。

一、滨海旅游文化的界定

(一)滨海旅游文化的定义

关于滨海旅游文化的界定,从广义上来讲,其包括文化在滨海旅游中各方面、各层次的体现,也指滨海旅游与文化的所有关系,是一个广义的概念。我国目前对于滨海旅游文化的理解和西方对旅游社会学、文化人类学等的研究属于此类。狭义的滨海旅游文化,是指以滨海旅游主体为中心,以滨海区域文化生态为对象,以跨文化交流为媒介,从丰富多样的滨海旅游活动中产生的、形式复杂多样的各种文化行为表征的综合。其具有时间和空间上的延续性,是人类创造的、与滨海旅游活动相关的物质和精神财富的总和。

滨海旅游文化的内涵深刻地反映了蓝色海洋文明的精髓,即对海洋的全面认知和利用,这种文化涵盖了人们对海洋的独特理解,以及海洋所带来的精神、行为、社会和物质文明的方方面面。首先,蓝色海洋文明表现为人们对海洋的深刻认知。在滨海旅游中,人们不仅能欣赏到海洋的美丽风景,更能通过各类海洋主题活动深入了解海洋的地理、生态、气候等方面的知识。这种认知不是停留在表面,还涉及对海洋系统的全面了解,形成了独特的海洋文明观。其次,蓝色海洋文明体现为人们对海洋的积极利用。滨海地区通过发展海洋旅游,不仅为游客提供了休闲度假的机会,同时也激发了人们对海洋资源的更多关注。海洋产业、海产品经济等海洋资源的发展为地方经济增长注入新的动力,使海洋不仅仅是旅的资源,更成为经济发展的重要支撑。同时,蓝色海洋文明还涵盖了海洋所带来的精神、行为和社会文明。海洋的广阔、深邃、神秘为人们提供了探索和冒险的精神空间,海洋文化的传承也通过滨海旅游得以延续。人们在海洋中体验到的航海、捕鱼、海滨文化

---

[1] 林上军. 发展海洋新闻学——建设海洋强国的重要前提[J]. 中国地市报人,2020(4):5.

等都成为滨海地区独有的社会文明体现。[①] 总体而言，滨海旅游的文化内涵以蓝色海洋文明为代表，展现了人类对海洋的多层次理解和利用，为推动海洋文明的传承和发展做出了积极贡献。

滨海旅游文化作为海洋文化的重要组成部分，展现了现代滨海开发地区在旅游领域的新特点。这一新型旅游文化的特征主要体现在以下几方面：

第一，滨海旅游文化具有明显的度假性。滨海地区的自然景观和气候条件，使其成为理想的度假胜地。沿海地区的优美海滩、清新海风、丰富的渔业资源等，为游客提供了独特的度假体验。这种度假文化吸引了大量游客前来寻求休闲和放松。

第二，滨海旅游文化具有开放性和外向性。海洋文化本身就具有广阔的开放性，而滨海旅游文化则更加注重与世界各地的文化交流。滨海地区的旅游业通常注重与其他国家和地区的合作，吸引国际游客，推动了地区文化的多元融合。

第三，滨海旅游文化具有崇商性，即对商业活动的倾向。沿海地区通常拥有繁荣的商业区域，涌现出各类购物中心、娱乐场所等，可为游客提供多样化的商业体验。这种商业活动的繁荣也为地方经济的发展做出了重要贡献。

因此，当下大力弘扬滨海旅游文化是吸引游客的关键所在。打造与内陆具有不同特色的旅游景区，不仅提升了滨海地区对游客的吸引力，还促进了地方经济和文化的繁荣。

（二）滨海旅游文化的内涵和外延

文化的存在并非静止的，而是在各种因素的相互影响下持续发展。滨海旅游文化作为文化的一部分，也可以被看作创新的产物，它不是简单地将滨海旅游和滨海文化叠加在一起，更不是各种文化的随机混搭，而是在滨海文化和滨海旅游科学深入结合的基础上，形成的一种崭新的文化形态。在这一观点的指导下，我们可以将滨海旅游文化的形成也视为一个动态而复杂的过程，其中旅游者个体原有的文化因素与滨海目的地异质文化因素之间的相互作用是推动这一过程的引擎。旅游者在滨海旅游活动中，其思想观念等文化

---

① 曲金良.海洋文化概论[M].青岛：青岛海洋大学出版社，1999.

元素与滨海地区的文化元素产生摩擦、碰撞，并最终融合成滨海旅游文化这一新的文化形态。

滨海旅游文化展现出双重特征：一方面，滨海旅游文化来源于经营者的精心打造，他们通过深入研究，整合当地的传统文化元素，同时吸纳外来文化的创新灵感，创造了一系列具有独特地域特色和文化内涵的旅游产品。这些产品既包括丰富多彩的海洋主题活动，也涵盖当地特色的文化表演、美食、手工艺品等，为游客提供全方位、多层次的文化体验。另一方面，滨海旅游文化可以说是游客在实际体验中对游览对象文化因素的感知与融合。滨海旅游的客体，如海岛、海滨城市等，本身就承载着丰富的文化内涵。海洋文化、沿海民俗、海岛风情等元素成为游客亲身感受的文化背景，游客在滨海度假时，不仅可以享受风景，更是沉浸在海洋文化的氛围中，感受当地独特的历史、传统和生活方式。这两方面因素相互交融，共同构筑了一个富有内涵、吸引力十足的滨海旅游文化体系。

滨海旅游文化是一种极富内涵和广泛外延的文化现象，这种文化形态在广义上不仅涵盖过去人类创造的与滨海旅游相关的文化元素，还包括当代滨海旅游活动中所塑造的新文化。可以说，滨海旅游文化不仅是一种地域性的文化现象，更是一门跨学科的文化知识。从理论基础上看，滨海旅游文化植根于多个学科领域，如海洋文化学、旅游经济学、旅游心理学、旅游社会学、旅游美学、旅游管理学等。这些学科为深入理解和研究滨海旅游文化提供了理论支持，为揭示滨海旅游文化的内在机制和价值体系提供了基础。此外，滨海旅游文化的外延成分更为广泛，它既涉及海洋历史、地理、文学、艺术、哲学、博物、考古、民俗、宗教、体育、饮食、园林、建筑、生态、园艺、色彩、公共关系、娱乐与自然景观等滨海旅游客体文化领域，也包含滨海旅游游览、滨海旅游娱乐、滨海旅游食宿、滨海旅游服务、滨海旅游购物、滨海旅游环境，以及滨海旅游专业队伍建设等具体的滨海旅游诸形态，还包含滨海旅游业的服务文化、商品文化、管理文化、导游文化、政策法规等滨海旅游介体文化。

深刻理解滨海旅游文化的内涵以及科学分类对于有效推动滨海旅游文化

建设至关重要。在这个过程中,对滨海旅游文化内涵的深刻理解是建设工作的基石,这需要深入挖掘滨海地区独有的文化元素,包括但不限于海洋生态、沿海社会风情等,通过深度挖掘,可以揭示滨海旅游文化的丰富内涵,理解其在历史、地理、人文等多个层面的交融与发展。这种深刻的理解有助于制订更具针对性和可行性的文化建设计划。另外,科学的分类是有效推动滨海旅游文化建设的重要手段。滨海旅游文化涉及多个方面的文化元素,通过科学分类,可以将这些元素有机地组合在一起,形成系统性的文化建设框架。例如,可以将滨海旅游文化分为自然文化、人文文化、历史文化等不同类别,以便更好地对各个方面进行管理和开发。

二、滨海旅游文化的属性

滨海旅游文化属于旅游文化的一种,兼跨文化和旅游两大领域,同时滨海旅游业本身又兼有海洋文化和海洋经济两大属性。但是从人类进程发展的尺度来衡量和观察,滨海旅游文化的属性不外乎区域性和历史性两大方面。

(一)区域性

滨海旅游文化的基本属性之一就是明显的区域性。区域性是从空间的角度对滨海旅游进行考察,强调了滨海旅游目的地文化的地域差异性。这一特征表明,不同滨海旅游目的地之间存在着极为明显的文化差异,这种差异不仅体现在自然环境、人文历史上,更深刻地反映在当地居民的生活方式、信仰习俗、语言等方面。正因如此,滨海旅游的文化特质在很大程度上受到所在地域的影响,形成了具体而独特的地方性文化,吸引着游客从不同的地区前来体验和感知。

在滨海旅游中,地域性的文化呈现出两种主要的表现形式。一方面,它反映了一定地域范围内承袭的精神文化,即在特定的人群中代代相传、沿袭而来的文化。这种文化并非表面上的显性文化,而是通过潜移默化,在显意识和潜意识底层悄然沉淀而形成的。这种文化承载了特定地域的历史、传统、信仰等元素,是人们在特定环境中形成的共同认知和情感体验。另一方面,滨海旅游还展现了目的地具有典型特征标志的变异性文化。[①]这种文化反映了滨海旅游目的地在承袭前人所创造的文化成果的同时进行文化创造，使文化得到缓慢的沉淀。这个过程是层层沉淀、不断积累和丰富的，最终导致文化的变化，尤其体现在精神文化层面，表达了某一特定时代的特性和发展趋势。[②]地域性文化的这两种表现形式在滨海旅游中相互交织，共同构成了丰富多彩的文化景观。游客在感知滨海旅游文化时，既能够深刻体验当地人代代相传的文化底蕴，又能够领略目的地在时代变迁中发生的文化变迁。这样的文化体验既有着深厚的历史渊源，又展示了目的地在当代社会中的独特魅力，为滨海旅游增色不少。因此，正确理解并善于挖掘滨海地域性文化的内涵，同时关注其变异性文化的创新与发展，有助于更好地推动滨海旅游文化的建设。在文化的传承与创新中，滨海旅游目的地才能更好地吸引游客，形成独特的文化品牌，为旅游业的可持续发展注入新的活力。

（二）历史性

滨海旅游业的发展，以及滨海旅游文化的繁荣与中国丰富多彩的传统海洋文化密不可分。在中国的千年文明历史中，海洋文化一直扮演着至关重要的角色，为滨海旅游文化的兴盛和繁荣奠定了坚实的文化基础。中国人民在漫长的历史发展中，不仅创造了丰富多彩、灿烂辉煌的海洋文化，而且塑造了独具特色、与西方海洋文明截然不同的中国式海洋传统文化。这一特有的传统文化为滨海旅游文化注入了更为深刻的内涵，也使其拥有更加深厚的文化底蕴。

自古以来，中国这片大地上孕育了吴、越、燕、齐等海洋强国，在那时，中国人就展开了对海洋科学的深刻探索，这为后来的海洋文化奠定了坚实的基础。汉代开始，中国南北沿海逐渐开启通往外部世界的通道，形成了著名的海上丝绸之路，促进了东亚、东南亚汉文化圈的形成和繁荣。到了唐代，中国的开放程度空前提高，海外贸易蓬勃发展，港口城市繁荣兴盛。这一时期，中国海洋文化得到了全面的展现，表现出其在海洋活动中的卓越成就。

---

① 初晓恒.旅游产品文化及其传递探析[J].商业研究，2009（10）：5.
② 于春雨.关于旅游文化的内涵及其发展的对策分析[J].中国集体经济，2010（3X）：1.

而在明朝前期，中国海外贸易与海运的昌盛，以及郑和七下西洋的壮举更是彰显了中国在全球海洋贸易与文明交流中的卓越地位。这些历史事件不仅为中国留下了丰富的海洋文化遗产，也为今天的滨海旅游文化注入了深厚的历史内涵。

中国海洋文化的独特之处在于，它既承载着丰富的历史积淀，又融合了海洋环境对人类生活和思想的深刻影响。中国海洋文化与西方海洋发展模式有着鲜明的差异，强调的是一种内在的、与自然和谐相处的理念，这种文化传统贯穿于中国古代的海洋活动，包括对海洋的敬畏、对航海技术的探索以及与海洋相伴的渔耕生活，这一传统不仅在历史中塑造了中国人对海洋的独特认知，也在当今为滨海旅游文化赋予了深刻的历史底蕴和文化内涵。

三、滨海旅游文化的要素分类

滨海旅游文化要素从不同的角度可以有不同的理解。

（一）时间跨度

滨海旅游文化在时间的演进过程中经历了传统与现代两个不同的发展阶段，形成了传统滨海旅游文化和现代滨海旅游文化两种不同的文化面貌。两者的文化要素和特征有所不同，体现了滨海地区旅游文化在历史演变中的多样性。

传统滨海旅游文化主要包括两个核心要素，即滨海旅游者和滨海旅游景观文化。在那时，滨海地区的旅游活动主要是以当地居民和来自其他地区的游客为主体，这一时期的文化特征体现在滨海地区丰富多彩的民俗文化、传统手工艺和当地居民的生活方式等方面，同时，也涵盖了自然景观、历史古迹等丰富的旅游资源，为游客提供了独特的文化体验。

随着社会的发展和旅游业的不断壮大，滨海旅游文化逐渐迈入现代。现代滨海旅游文化在传统文化的基础上增加了两个新的文化要素，即滨海旅游业文化和滨海旅游文化传播。滨海旅游业文化突显了现代旅游业的特征，包括旅游服务、商业运营等方面的文化特点；滨海旅游文化传播强调通过各种媒体手段传达滨海旅游的信息，塑造滨海旅游的品牌形象，使更多的人了解和参与滨海旅游。

（二）结构体系

从滨海旅游文化的结构体系来看，滨海旅游文化要素包含物质文化、制度文化、行为文化和精神文化（心态文化）。首先，从最外围的物质文化来看，滨海旅游文化表现出了丰富多彩的物质形态，从沙滩、建筑、海水，再到各式器物、工具、饮食和服饰，构成了滨海旅游的外在基础。这些触目可及的景观，塑造了旅游体验的基础构成部分，游客置身其中，能够亲身感知并且融入这些物质文化之中。其次，制度文化和行为文化作为滨海旅游文化的第二层次，承载的是社会规范和个体行为准则。制度文化主要包括法律、规章、职业道德等，这些规范旨在指导旅游者和经营者的行为，保障旅游活动的有序进行。"行为文化则更多地反映了旅游者和经营者在实际行动中的习惯、礼俗、服务方式等方面的表现。这一层次的文化塑造了滨海旅游的行为模式和互动规范，起到了约束作用。"[①] 最后，精神文化或心态文化作为滨海旅游文化的核心层，揭示了更为深刻的内在认知和情感，这层文化包括了个体参与旅游活动时所持有的文化认同、价值观念、情感联系等因素。旅游者的内心体验、对美的追求、对文化的感知，以及在旅游过程中所产生情感的表达，都彰显了这一层文化的重要性。

在滨海旅游文化的综合体系中，物质文化、制度文化、行为文化和精神文化相互交织，形成了一个错综复杂而又紧密相连的关系网络。物质文化作为外在的、直观可见的文化表达形式，直接塑造了滨海旅游目的地的形象，影响着游客的感知和体验。然而，这种物质文化的魅力并非仅仅源于其表面形态，更深层次的吸引力来自其背后所蕴含的精神内涵、文化观念和人们的共同追求。精神文化被视为滨海旅游文化的核心要素。通过有意识地将精神文化外化于物质之中，赋予滨海旅游场所独特的人文魅力，使其能够为人所感知，为人所了解，这种精神文化不仅是滨海旅游的内在动力，更是引发游客产生情感共鸣的关键。在这一整体架构中，制度文化和行为文化充当着连

---

① 张悦，韩国圣，吴国清. 浅议景点文化内涵的挖掘[J]. 学术探索，2002（3）：3.

接物质与心态的关键过渡环节。制度文化通过规范和引导的方式，为滨海旅游提供了方向和指南，这不仅是为了规范行为，更是为了构建一个有序、可持续的滨海旅游体系，使其在文化传承和发展中具有稳固的基础。行为文化直接关系到滨海旅游业的经营管理水平、服务质量和竞争力，它既是服务人员行为举止的标准，也是旅游者在滨海旅游中所呈现的良好行为的体现。这种物质、制度、行为和精神文化的紧密结合，构成了滨海旅游文化的完整体系，为其可持续发展和独特魅力的呈现提供了坚实的基础。

（三）活动基本内容

从滨海旅游活动本身所包含的基本内容的角度出发，滨海旅游文化是由滨海旅游的主体、客体和中介三个基本要素所组成的。滨海旅游文化是伴随着滨海旅游活动而产生和发展的，是渗透在滨海旅游活动的各个环节和各个方面的，对于滨海旅游文化的研究，同样应当着眼于滨海旅游的主体、客体和中介。

滨海旅游活动的主体是滨海旅游者。滨海旅游主体文化就是滨海旅游者在滨海观光游览和滨海旅游过程的人际交往中表现出来的各种文化形态，以及在与滨海旅游客体进行交流、发生关系时感受到的文化差异，它体现为滨海旅游者的各种文化需求和情趣。"研究滨海旅游主体文化，就是要研究滨海旅游者所追求的是什么，影响这些需求的自身因素以及对这些需求的态度，研究在滨海旅游发生过程中作为滨海旅游者的人与自然、与社会以及与他人之间的关系。"[1]

滨海旅游客体是指滨海旅游者在进行旅游活动时所直接面对和体验的对象，它包括旅游目的地和旅游发生地两个主要方面。滨海旅游客体涵盖了自然景观和人文景观两个层面，形成了丰富多彩的旅游资源。滨海旅游客体文化指的是在规划、开发、建设滨海旅游客体的过程中所呈现的文化形态、文化内涵和文化价值。通过塑造和打造滨海旅游客体文化，可以使滨海旅游更具吸引力，为游客提供独特而丰富的文化体验。

---

[1] 福建省质监局.《福建省质量技术监督局关于支持促进我省旅游投资和消费的若干措施》解读[J].福建质量管理，2016（6）：2.

滨海旅游中介扮演着连接游客与旅游目的地的关键角色，是滨海旅游业的重要组成部分。这一中介体系包含了多个层面，首先，其核心是滨海旅游企业，它们直接连接着旅游者和旅游客体。这些企业包含范围很广，包括旅行社、酒店、餐饮、娱乐等，通过提供各种旅游服务，滨海旅游企业成为旅游者与目的地之间的桥梁，为旅游者提供了便捷的入口，同时也是滨海旅游客体文化的传播者。其次，滨海旅游中介还包括服务于滨海旅游业的从业人员，既包括直接与旅游者交互的导游、接待人员，还包括那些不直接与旅游者见面但同样至关重要的岗位，如负责旅游路线规划设计的专业人员、参与旅游景观建设和设施布置的实施人员等。这些从业人员通过各种专业技能和服务，为旅游者提供全方位的滨海旅游体验。因此，滨海旅游中介文化就是围绕滨海旅游业在实践当中形成的各种文化形态，包括滨海旅游从业人员的文化素质与文化意识等。

　　滨海旅游主体文化、滨海旅游客体文化和滨海旅游中介文化三者相互影响、相互制约，彼此发生关系与互动，交织在一起，构成了完整的滨海旅游文化，缺少其中的任何一部分，都将无法诠释滨海旅游文化的所有内涵，甚至无法称其为全面的滨海旅游文化。对于滨海旅游主体来讲，如果没有滨海旅游客体，首先就失去了滨海风情观赏与体验的对象；如果没有滨海旅游中介，则滨海旅游活动本身也无法成行，更没法形成滨海旅游文化。从滨海旅游客体的角度来讲，如果没有滨海旅游主体即滨海旅游者去欣赏，没有滨海旅游中介即滨海旅游业及相关部门去积极开发、经营和宣传，就不可能形成滨海旅游文化。对于作为管理滨海旅游、服务滨海旅游的一种社会性行业的滨海旅游中介，虽然其每一个环节都体现和蕴含着滨海旅游文化的成分，但是假如没有滨海旅游主体即滨海旅游者和滨海旅游客体的加入，滨海旅游业也无法发展与前行，当然也就无从显示滨海旅游文化成分。所以在滨海旅游文化中，滨海旅游者是主体，是中心，滨海旅游客体是滨海旅游文化的物质基础，而滨海旅游中介则是连接滨海旅游主体和滨海旅游客体的桥梁与纽带。它沟通着滨海旅游主体和客体双方，使得滨海旅游整个过程得以完成。

四、滨海旅游文化的功能

滨海旅游者的滨海旅游行为是一种文化消费行为，其外出旅游的动机和目的在于到达一个与日常生活不同的环境当中，获得精神上的享受和心理上的满足。滨海旅游经营者要达到盈利的目的，就必须提供一种能满足滨海旅游者文化享受的滨海旅游产品。因此，滨海旅游文化的功能可以从以下几个方面理解：

（一）激发功能

无论是滨海自然旅游资源还是滨海人文旅游资源，想要吸引和激发旅游者的滨海旅游动机，就必须具有魅力无穷、独具特色的滨海文化与地方文化内涵，同时也满足人们对海洋科学、史学、文学、艺术和社会学等方面的不同需求。因此，滨海旅游的文化本质特征必然要求在发展滨海旅游业的过程中优先发展滨海旅游文化。

正是由于滨海旅游的休闲特性，以及激发人们思想和情感的功能，其成为满足当代人的乐活人生需求和促进个体发展的重要手段。不仅如此，滨海旅游的核心目的不光是提供休闲放松的机会，更是为了让人们通过旅程开阔眼界，感受来自不同沿海地区的地域文化之美，深刻体验滨海地区独特的海洋文化风情。对于滨海旅游者而言，这种与内地截然不同的文化差异是具有强大吸引力的，激发着人们对于新奇、异域文化的向往。游客通过跨越文化空间，与不同文化互动，感受异域的风土人情，不仅满足了他们对于新奇和独特体验的追求，也促使他们对自身文化背景的重新审视，使滨海旅游者在旅途中获得深层次的心灵愉悦。

具体来说，游客在滨海旅游文化中的作用举足轻重，他们不仅是该文化的承载者，同时他们也通过承袭、感知并融入其中，使自己成为这一文化的生动载体和传达者。通过旅行经历，滨海旅游者不再是单纯的观光者，更是文化传播的使者，传递着关于滨海旅游目的地的深厚文化内涵。他们会在旅途中亲身体验当地的生活方式、风土人情，并通过参与文化活动、品味当地美食，成为文化传承的一部分。当然，滨海旅游者的作用不仅是对文化的传递，更涉及对文化的发扬光大，他们通过在旅途中的积极参与，推动着当地文化的创新和发展。通过分享和传播旅行中的文化体验，滨海旅游者将成为文化的活跃创作者，为滨海地区注入新的生机和活力。

（二）康体功能

滨海旅游是当代社会一种备受欢迎的休闲方式，其重要性不仅在于为人们提供宝贵的休闲时光，更在于对身体和心灵健康的直接积极影响。在这个"生命在于运动"的时代，滨海旅游为人们打开了一扇融合运动和休闲的大门。[①] 滨海旅游地的环境优势不可忽视，这里有清新的空气、洁净的水体，是天然的氧吧，为人们创造了良好的活动空间。在这样的环境中，人们可以尽情感受大自然的美妙，呼吸新鲜的空气，沐浴在自然的阳光中，享受清新的海风，感受海浪拍打的声音，得到身体和心灵上的全面放松，对于缓解由于工作、学习等引起的身体疲劳、心理紧张具有显著效果，让人们可以暂时抛开琐事，专注于自我调整和修复。

从身体健康的角度看，滨海旅游为人们提供了运动和锻炼的机会。在海滩上散步、沙滩排球、水上运动等丰富多样的活动，不仅增强了体魄，也激发了人们参与运动的兴趣。这对于缓解因久坐而引起的各种身体不适，如颈椎问题、腰椎问题，具有显著的改善作用。从心理健康的角度看，滨海旅游为人们提供了远离城市喧嚣的机会，让人们远离繁忙的工作和生活，放松紧绷的神经。在滨海旅游中，人们能够沉浸在海滩、蓝天、白云之间，享受宁静与安宁，这种心灵放松的体验有助于减轻压力、缓解焦虑，对提升幸福感具有积极作用。

总的来说，滨海旅游不仅是一场对身体的愉悦之旅，更是一次对心灵的疗愈之行，使人们在繁忙的工作生活之外获得满足，回归本真的自我。在海滨度假的过程中，人们往往更加注重个体的感受和需求，重新审视自己的内心诉求，追求内在平衡。这种回归自然、回归本真的体验，使人们更加关注自己的身体和心灵状态，建立一种更加健康、平衡的生活方式。

---

① 曹诗图，李锐锋. 旅游功能新论 [J]. 武汉科技大学学报：社会科学版，2011，13（1）：6.

（三）社会功能

滨海旅游文化是一个国家滨海旅游业保持自身特色的决定因素。滨海旅游文化是滨海旅游业的灵魂，没有滨海旅游文化就没有滨海旅游业。在滨海旅游规划、滨海旅游产品设计、导游讲解等方面，滨海旅游文化的功能越来越突出。除此之外，滨海旅游不仅是个体的经历，同时在社会层面也有着重要作用。

在社会层面，滨海旅游对于地区和国家的发展具有积极的引导作用。通过吸引大量游客，滨海旅游助推了当地经济的繁荣，促进了旅游业的发展，创造了就业机会，为社会带来了经济效益。同时，通过旅游者的体验，当地的文化和自然资源得以展示和传播，增强了地区的文化软实力，为社会文明的传承和创新注入了新的动力。不仅如此，它还在塑造国家形象和文化认同上发挥着至关重要的作用。通过将本国的文化、历史、传统巧妙地融入旅游产品，滨海旅游成为一种独特的文化体验，不仅可以满足游客的娱乐需求，更在潜移默化中提升国家软实力，这种软实力的提升不仅仅发生在旅游过程中，更会通过游客的口口相传、社交媒体等途径产生持久的影响。

可以说滨海旅游文化在社会中的作用远远超过经济效益，它不仅仅可以满足人们对娱乐和归属感的需求，更产生了一种强大的社会力量，加深了人与人之间的联系，拉近了不同地域文化背景的人们之间的距离。因为滨海旅游涉及的不仅仅是海边风景与海边人，还有相应的海洋文化、经济、传统、遗产、宗教和信仰，滨海旅游提供的与大海、与海洋人文接触的机会，使沿海与内陆甚至沿海与沿海不同民族和不同文化之间的相互了解成为可能。对于旅游者来说，滨海旅游作为一种跨文化的体验，具有独特的教育和文化价值，让人们更加理解并尊重不同文化的存在，同时，它还有助于消除文化偏见。在旅途中，人们常常会遇到不同的习俗、信仰和生活方式，这种文化碰撞能够打破对陌生文化的偏见，促使人们更加开放和包容，减少对陌生文化的误解和歧视。此外，滨海旅游有助于整合异质文化。在旅游者与当地居民的互动中，不同文化之间会产生交流和融合，形成新的文化体验，这种文化的整合有助于促进社会的多元发展，打破文化的壁垒，形成更加开放、包容的社会氛围。这种对滨海旅游超越功利的认识，值得相关学术界深入研究。

第三节 滨海旅游的经济作用

一、顺应世界旅游发展的潮流

世界的旅游发展呈现出以下三个特点：

第一，第二次世界大战以后到20世纪90年代，世界旅游发展迅速，旅游收入以每年两位数的百分点速度增长，大大高于世界经济的同期增长速度。

第二，过去旅游观光主要是以自然资源为主，享受自然风光，感受宜人气候；现在人文景观旅游已经成为旅游业的新热点；商务旅游、购物旅游等的比重急速上升。

第三，随着旅游的飞速发展，旅游的竞争日趋激烈，因此，提供标准化服务已成为吸引游客，满足不同地域、不同消费层面旅游者需求的必备条件。

当下，全社会对于滨海旅游文化特色的关注不断增强，使得滨海旅游成为各地旅游业的焦点，政府更是将滨海旅游视为旅游业发展的重中之重。通过深度挖掘沿海地区的海洋文化，各级旅游部门积极开发滨海旅游产品，提升产品质量，为此，很多沿海城市相继投资兴建了一系列新的海洋主题乐园、海洋展览馆等重点项目，旨在进一步满足游客的多样需求。滨海旅游不仅是一种休闲方式，更是沿海地区重要的经济来源之一，为当地创造了大量就业机会，促进了相关产业链的发展。游客在享受海滨风光的同时，也为当地商业、餐饮、住宿等服务业的发展注入了新的活力，产生多层次、全方位的经济效益。

二、为其他行业提供经验

中国的滨海旅游业自早期发展阶段就积极与国际接轨，不断提升其在全球旅游市场中的竞争力。这种努力体现在多个方面，包括硬件标准、软件管理等各个领域。首先，在硬件标准方面，中国的滨海旅游业一直致力于打造世界一流的旅游设施和景区,这种对硬件标准的不断追求,使中国的滨海旅游目的地得以符合国际化的旅游需求,为国际游客提供高水平的旅游体验。其次,在软件管理方面,中国的滨海旅游业吸纳了国外投资,实现了国际先进的管理和服务经验的引入。外商的参与为我国滨海景区的建设管理带来了先进的管理理念和服务标准,为中国的滨海旅游业带来了新的活力。这种国际化的管理和服务标准在滨海旅游业中得到贯彻实施,使中国的滨海旅游业更加符合国际旅游市场的规范和要求。这种国际化的发展趋势不仅为我国滨海旅游业注入了新的动力,也提升了产业整体水平,使滨海旅游业更具国际竞争力,吸引了更多的国际游客。而且通过学习和应用国际先进的管理和服务经验,我国的滨海旅游业逐步提升自身水平,为游客提供了更高品质的旅游体验,从而进一步加强了国际交流与合作。这不仅使我国滨海旅游业在全球旅游市场中崭露头角,也促进了沿海地区的经济繁荣。

综上所述,可以看出,滨海旅游业不仅已经具备应对国际竞争的坚实基础,更重要的是它可以为其他的海洋产业发展提供值得借鉴的经验。由于其他的海洋产业存在着与国际接轨较晚、尚不适应国际竞争所带来的新的规则等问题,因此可以从滨海旅游业如何吸引外资、接受国外先进的管理经验等方面借鉴到更多经验。

三、与其他产业形成互动共进

世界旅游组织曾有过一个统计,那就是当一个国家的人均国内生产总值达到1000美元时,旅游业会迎来蓬勃的发展。这个时刻不仅是数字的达标,更是国内居民对旅游兴趣的集体爆发,这种爆发会促使形成一个全国性的旅游市场,同时,这一市场的形成并非仅限于旅游业本身的繁荣,而是形成一个多层次、多方面效应的开始,就像涟漪在水中扩散一般,波及相关产业,推动它们蓬勃发展。"从酒店业到餐饮业,从交通运输到文化娱乐,各个相关产业都将在旅游市场的推动下蓬勃兴盛,这不仅提升了这些行业的盈利能力,更为整个国家的经济注入了新的活力。"[①] 所以,旅游行业的连带作用非

---

① 董南,单雪飞.论旅游业的投入产出问题[J].辽宁经济,2002(11):1.

常明显。滨海旅游业的发展不是孤立的，而是与其他产业息息相关，相互推动。例如开展海上游览，会刺激造船厂生产游船；发展旅游纪念品，会给许多工厂带来商机。特别是由于滨海旅游业与渔业的协同发展，休闲渔业便应运而生。

休闲渔业的兴起标志着渔业产业结构的转型升级，其核心理念是将传统的渔业经营方式与现代休闲娱乐需求相结合，通过合理的资源配置实现多产业的协同发展。这一新型的渔业产业在市场需求的驱动下，展现出多重优势，凸显了其在经济和社会领域的巨大潜力。首先，通过采用现代科技手段，休闲渔业不仅提高了生产效率，还使得渔业活动更具娱乐性和体验感，从而实现了渔业产业链的全方位升级。其次，由于休闲渔业注重产品的质量和安全，能够提供健康、新鲜、绿色的渔业产品，可以极大地满足现代人对于健康食品的需求，符合当今社会对于高品质生活的追求，使得休闲渔业在市场中具备了广泛的市场基础。同时，通过科学合理的渔业管理和生态保护措施，能够实现渔业与环境的和谐共生。这使得休闲渔业的可持续发展成为可能，既满足了市场需求，又保护了海洋生态系统的稳定性。正因如此，现如今的休闲渔业愈发地受到欢迎，并在市场中崭露头角。

四、有利于保护滨海旅游资源

对于如何保护滨海旅游资源，学术界存在着不同的观点。有的观点认为，保护就是不能有一丝一毫的开发，必须保持其原有风貌，这样才算是真正的保护，一旦开发，必然会造成破坏。其实，这样的"保护"只不过是人类的足迹尚未踏到而已。有的观点认为，保护与开发一样，是人类征服自然的一种方式，应在开发中保护，在保护中开发。

人类对待滨海资源存在着两种对立的观点：一种观点认为，人在自然面前是弱小的，无所作为的。这种发展观完全否定了人的能动作用，否定了人的发展权利。随着海洋科技的日益发展，另一种观点则认为海洋完全属于人类，人类可以不断地利用海洋资源、创造新的生存空间。

当前，由于人口数量急剧增长，全球面临着严峻的资源短缺和环境污染问题，这使得与海洋的和谐共处成为解决这些问题的重点突破口。在这个复杂而紧密的关系中，我们必须确立一种观点，即人类和海洋应该拥有平等的地位，应该寻求一种和谐相处的模式。我们需要认识到，海洋并非仅仅是人类资源的提供者，更是一个与我们共同生活、共同发展的伙伴，是与人类存在相互依存关系的。因此，我们有责任积极采取措施，寻找可持续的方法来利用海洋资源，同时保护和维持海洋的生态平衡。只有这样，我们才能实现人类与海洋之间的和谐共存，创造一个可持续发展的生态环境。

因此，我们要强调的是，合理适度地开发是对滨海旅游资源最有效的保护方式之一，可以最大限度地保留和维护滨海地区独特的自然景观和生态系统。对此，我们可以严格规划旅游项目，打造滨海风景旅游城市品牌。滨海旅游坚持优先考虑旅游用海项目，在旅游岸线严格限制养殖及捕捞作业，为滨海旅游业的发展留下充足空间。在超前规划的同时，还应对影响海洋生态环境的用海项目予以清理整顿。

滨海旅游在诸多方面实现了突破：明确了海岸线的划定方法；明确授予了海洋监察机构的执法职责；建立了海域使用规划制度；明确规定了海域使用审批权；明确了不予批准的用海项目；规范了海域使用论证资质管理制度；建立了海域使用预审制度；明确了海域使用项目整体申请一次的原则；规范了提前收回海域使用权的补偿；明确了海域使用金谁审批谁征收的原则；明确了海域使用权可以出租、抵押。同时，现代滨海旅游业对海洋行政主管部门依法行政提出了新的要求。

滨海旅游管理部门应抓住这一有利时机，采取多种方式，在沿海市、县、乡、村，特别在需要用海的旅游项目中，将滨海旅游纳入合理使用海洋、保护海洋环境的良性轨道之中。

第二章　滨海旅游业资源开发及管理

随着社会和经济的发展，旅游业越来越受到政府重视，成为越来越重要的产业。滨海旅游业资源不仅拥有海洋、海岸线、港湾、沙滩等自然景观资源，还有许多人文景观资源，例如港口、码头、停泊船只、沿海城镇、历史文化古迹等。滨海旅游业资源的开发和管理对于滨海经济的发展和当地人民的生计都有着至关重要的意义。本章为滨海旅游业资源开发及管理，主要介绍四个方面的内容，依次是滨海旅游业资源系统分析、滨海旅游业资源开发模式、滨海旅游业资源开发路径、滨海旅游业资源管理问题及对策。

第一节　滨海旅游业资源系统分析

一、滨海旅游业资源界定及其分类

（一）滨海旅游业资源界定

1. 旅游资源

旅游资源是旅游活动的客体，是一个国家或地区旅游业赖以生存与发展的物质基础和前提条件。旅游业的发展状况从根本上取决于地区旅游资源的特色、丰度及其开发利用情况。随着旅游业的不断发展，人们对旅游资源的认识也逐步深化，但由于旅游资源不同于单一的传统资源，其构成复杂多样，且涵盖内容丰富，目前，学界对于旅游资源的定义存在多种观点，这里选取其中最具代表性的观点，即将旅游资源定义为那些在自然和人类社会中能够对旅游者产生吸引力的客观实在物及其载体的综合体。

具体而言，旅游资源要具备吸引力，即能够引起人们的浓厚兴趣和欲望，促使他们选择前往参观或体验，这种吸引力可以来源于自然景观、文化遗产、历史古迹等多种因素，旅游者往往寻求在这些资源中找到独特而有趣的体验。与此同时，旅游资源的开发利用也是关键的考量因素，只有经过开发，使其能够为旅游业所利用，才能充分发挥其吸引力。

2. 滨海旅游业资源

何光昕对滨海旅游业资源的定义为我们提供了一个全面且具体的认知框架，他认为滨海旅游业资源是指那些位于滨海地带的事物和因素，具备吸引力，能够激发旅游者的旅游动机。这种吸引力可能来源于滨海地区独特的自然景观、文化元素或其他独特特征，使得旅游者愿意前往这一地带进行探访和体验。除了吸引力，"滨海旅游业资源还要求具备一定的旅游功能和价值,这意味着这些资源能够满足旅游者的需求,提供一种愉悦和丰富的旅游体验"[①]。

滨海旅游业资源的基本特色源于海洋,但滨海旅游的发展必然要以陆域为依托,这样滨海旅游业资源的空间范围自然包括陆域部分,因此,滨海旅游业资源存在于海洋及海岸带的广大空间。

滨海旅游业资源是现代海洋旅游构成中最基本的要素,是滨海旅游的客体和滨海旅游业赖以生存和发展的物质基础。随着滨海旅游在旅游业发展中的作用日益凸显,滨海旅游业资源的内涵与外延也不断深化。

在这里需要注意的是,滨海旅游业资源需经合理开发和有效保护才能被滨海旅游业所利用。滨海旅游业资源既包括未被开发利用的资源,也包括已被开发利用的资源,但滨海旅游业资源只有经过合理开发和有效保护,并通过完善滨海旅游产品及配套服务设施,创新滨海旅游产品路线和营销方案,挖掘滨海旅游业资源的独特价值和深刻内涵,维持滨海旅游业资源的海洋原生特性,改善滨海旅游环境,滨海旅游业资源的独特吸引力才能为人们所感知。滨海旅游业资源开发要能够产生综合效益。在国际旅游市场上,滨海旅游业异军突起,得益于滨海旅游所产生的强大经济拉动效应和社会影响效应。同时,旅游区别于其他产业的突出特点就在于能够最大限度地保证资源的原生态性,因而滨海旅游业资源经过合理开发后要保证沿海旅游目的地的生态环境承载力与旅游经济社会协调发展,从而产生旅游经济、社会和生态环境综合效益。滨海旅游业资源既可以是有形的,也可以是无形的。滨海旅游业资源具有区别于陆域旅游资源的独特海洋性。鲜明的海洋文化底蕴所创造的无形旅游资源更具吸引力,如海洋民俗节庆等资源对旅游者具有强烈的神秘感,因此在开发过程中更要对无形旅游资源加以重视。

深入了解和准确评估滨海旅游业资源是确保该领域可持续发展的关键,只有通过全面客观的认知和评价,才能制定出科学的开发战略,保护自然环境,同时推动滨海旅游业的繁荣。但由于海洋环境具有多种开发用途的空间

---

① 郝艳萍. 滨海旅游资源可持续利用对策探讨 [J]. 海洋开发与管理,2003,20(1):47-51.

复合性,在滨海旅游业资源开发的过程中,往往会出现不同开发主体之间为追求滨海旅游经济效益所造成的功能和空间上的冲突,加之海洋环境的生态脆弱性和不易恢复性,滨海旅游业资源持续开发与科学管理是当前面临的紧迫问题。

(二)滨海旅游业资源分类

1. 旅游资源分类

关于旅游资源的分类,目前国内大致有以下几种分法:按资源的客体属性划分为物质性旅游资源、非物质性旅游资源和物质与非物质共融性旅游资源;按资源的科学属性划分为自然景观旅游资源、人文景观旅游资源和服务性旅游资源;按资源的发育背景划分为天然赋存性旅游资源、人工创造性旅游资源和两者兼具的复合性旅游资源;按资源的开发状态可划分为已开发旅游资源(现实态)、待开发旅游资源(准备态)和潜在旅游资源(潜在态);按资源的可持续利用潜力划分为再生性旅游资源和不可再生性旅游资源;按旅游活动性质可划分为观光旅游资源、宗教朝圣旅游资源和度假疗养旅游资源等;按旅游资源的等级规模可划分为国家级旅游资源、省级旅游资源和县市级旅游资源。此外,还包括按资源的利用限度和生成价值、资源的形态、资源的结构、资源的存在空间层位、资源的用途、资源的吸引性质和资源的开发利用变化特征等进行分类。总体来看,旅游资源分类的角度多样,既有按目的地属性特征进行分类,也有从旅游管理角度、游客需求角度等进行分类,分类的方式也逐渐由类型划分向体系划分和系统研究发展。

2. 滨海旅游业资源分类

对于滨海旅游业资源的分类多是在各旅游资源分类体系的基础上形成的,目前尚未形成一个权威性的分类体系。滨海旅游业资源应以海洋为指向,同时滨海旅游的发展必然要以陆域为依托,因此滨海旅游业资源的空间范围就自然包括陆域部分。但对于向陆域延伸到何种尺度目前尚没有统一、公认的标准。对滨海旅游业资源的分类应依据如下原则:滨海旅游业资源的内涵应作为分类的前提和准则,进而确定分类的范围和内容;按照滨海旅游业资源的属性作为分类的主要依据；分类应考虑旅游资源的成因、特点、形式和年代等特征；系统化、规范化的原则。

第一，张耀光根据资源特点，将海岛旅游资源分为自然风光资源、人文景观资源和社会旅游资源三大类型。其中自然风光资源包括天景天象资源（日出、云海、海市蜃楼、云雾、霞光）、风景地质地貌资源（海蚀地貌、海积地貌、海平面变迁遗址）、风景植物（海岸、陆岛森林、草地）和风景水域（大海、河湖、水库、滩涂）等；人文景观资源包括历史古迹（古人类遗址、古文化遗存）、古建筑（寺庙、观、殿、塔、古城、古今军事工程）和纪念地等；社会旅游资源包括风土人情（民俗、民情、节日）、土特产及食用资源（海鲜）、现代建筑（公园、游乐场、新建筑等）和度假区等。

第二，贾跃千、李平依据世界旅游组织的旅游资源分类原则，根据国标《旅游资源分类、调查与评价》（GB/T18972—2003），从海洋旅游资源的本身属性和海洋旅游活动的属性这两个层次对海洋旅游资源进行分类。其中海洋自然旅游资源分为4个主类10个亚类33个基本类型；海洋人文旅游资源划分为4个主类14个亚类84个基本类型。从游憩活动的角度来看，"按照人类海洋活动所依托海洋空间环境的差异，海洋旅游活动可分为海岸带旅游、海岛旅游、远海和深海旅游和海洋专题旅游4个主类，以及30个基本类型"[①]。

二、滨海自然旅游资源类型及系统分析

（一）我国滨海自然旅游资源总体特点

我国海岸线漫长曲折、四大海区地质地貌复杂，形成了沿海山岳景观、海蚀奇观、沙滩风景、海岛、滨海气候与天象、海底生物景观等旅游资源。

沿海山岳自然景观众多，主要有辽宁的大孤山，浙江的普陀山，广东的莲花山、白云山、圭峰山、东山岭，广西的冠头岭等。这些山岳自然景观与滨海岸段、海域地貌匹配形成独特的山海特色旅游资源。

海洋自然地质地貌旅游资源独特。海蚀奇观是指由海浪侵蚀所造成的各

---

① 李翠格. 秦皇岛沿海地学旅游资源开发研究 [D]. 石家庄：河北师范大学，2008：38.

种姿态奇特、景色美丽的海滩侵蚀地貌，是一种极其普遍而又独特的海滩风光。常见的海蚀奇观有海蚀崖、海蚀平台、海蚀柱、海蚀洞、海蚀拱桥及海蚀窗等。如大连的黑石礁、北戴河的鹰角石、山东烟墩及青岛石老人等海蚀柱；北起大连，南至海南岛鹿回头和广西涠洲岛等海蚀崖；广西北海市冠头岭滨海胜地，其南海蚀崖下宽达80米的海蚀平台；浙江普陀山的潮音洞、梵音洞等海蚀洞。

海洋生态旅游资源丰富，尤其是海岛数量众多，分布范围广，跨越南北16个纬度，地处三大气候带，主要集中在浙江、福建、广东、海南四省，其次是辽宁、山东、台湾三省。这些海岛上植被、珍稀鸟类等生态旅游资源众多，开发潜力较大。各类滨海湿地、自然保护区都是重要的生态旅游地，位于南部海域的红树林和海洋生物自然保护区都蕴藏着巨大的生态旅游资源。

（二）主要滨海自然旅游资源类型分析

1. 山岳景观

我国沿海山岳景观主要有辽宁的大孤山，河北的东联峰山，浙江的普陀山，广东的莲花山、白云山、圭峰山、东山岭，广西的冠头岭等。其中，石岩景点比较著名的有：辽宁大连棒槌岛、老虎滩、黑石礁、金石滩，河北北戴河莲花石、鹰角石、老虎石，山东荣成成山角，江苏连云港，浙江乐清雁荡山，福建福鼎、太姥山、云居山、鼓山、于山、清源山、万石岩、虎溪岩、日光岩，广东陆丰虎尾山，海南三亚天涯海角等。瀑布景点以雁荡山大龙湫、雪窦山和千丈岩瀑布、台山石笔潭瀑布等最为著名。洞府景点大多属于山岳景点的一个组成部分，但也有一部分单独存在。海岸带洞府景点主要有：河北秦皇岛悬阳洞、山东崂山明霞洞、江苏连云港花果山、福建厦门白鹿洞、海南三亚落笔洞等。

中国名山很多，然而名山又坐落在海滨的就实为难得，所形成的山、海相间的自然景观极具吸引力，下面就几个著名的临海名山作简要介绍。

（1）崂山

青岛的崂山是我国沿海地区的最高山体，主峰崂顶高度1133米，享有"海上名山第一"的美誉。山地直逼黄海，构成典型的山体海岸，有深涧、奇峰与幽谷交织的险峻景色，兼有奇峰、异洞、怪石、茂林、流云之美，更以"山海奇观"著称天下，素有"泰山虽云高，不如东海崂"之说。崂山巨峰山脊主体由于其山海相连的自然景观优势，以及由此衍生的人文景观，成为国家级风景名胜区和著名的旅游胜地。

（2）老铁山

"老铁山头入海深，黄海渤海自此分。西去急流如云涌，南来薄雾应风生。"[①] 描绘了地处大连老铁山的黄海和渤海自然分界的壮观景象。老铁山位于辽东半岛最南端，延伸至黄海和渤海之中，与山东庙岛群岛隔海相望。主峰大崖顶，海拔465米，临海一侧峭壁耸立，山势陡险。山上遍布灌木丛及乔木林，是候鸟过境的理想停站。

（3）云台山

连云港云台山位于江苏省连云港市东北30多千米处，是江苏北部著名的旅游胜地。此山原是海中的岛屿，沧海桑田，后演化成陆地。云台山古称郁州山，唐宋时称苍梧山。唐李白诗曰"明日不归沉碧海，白云愁色满苍梧"[②]，宋苏轼诗曰"郁郁苍梧海上山，蓬莱方丈有无间"[③]，都是云台山的真实写照。云台山原来只是黄海中的一个岛屿，18世纪方与大陆相连，遂形成峻峰深涧，奇岩坦坡，水光山色，独具神姿，被誉为"海内四大名灵"之一。明嘉靖年间道教兴盛，两万多名道士云集于此，云台山遂又被誉为"七十一福地"。

（4）普陀山

舟山普陀山与四川峨眉山、山西五台山、安徽九华山并称为中国四大佛教名山。普陀山是首批国家级重点风景名胜区之一和国家AAAAA级旅游景区，素有"海天佛国""南海圣境"之称。普陀山以其神奇、神圣、神秘成为驰誉中外的旅游胜地。

---

① 摆渡岛航.东北的天涯海角——老铁山[EB/OL].（2022-08-17）[2023-06-15].http：//bddh.com/cms/guoneifengjing/423.html.

② 余小刚.东行漫记——"2016魅力四川东盟行"高等教育展示东盟三国记行[J].四川教育，2016（6）：8.

③ 许国华.人间仙境，身到蓬莱即为仙[J].风流一代，2020（10）：2.

（5）太姥山

福建太姥山，傲然屹立于福建省福鼎市，与东海相邻，险峻的山势、蔚蓝的海水和悠远的云霞共同构成了一幅独特而壮美的画面，被誉为"海上仙都"。"云横断壁千层险"是太姥奇峰的真实写照。

2. 海蚀景观

海浪，作为大海的一种自然表现形式，极大地影响着海岸地形地貌的塑造，尤其在那些凸显的海岸段，海浪对其影响更为显著。在海浪作用下，一些突出的海岸段因为岸线陡峭和水域深邃，使得海浪在这里汇聚、波能加强，导致其会对岸边的岩石和地形施加更为强大的力量，而随着海浪的不断冲击，岩石会逐渐发生崩塌碎裂的现象，同时，在化学溶蚀作用及沙粒的磨蚀作用下，形成一系列姿态奇特、景色美丽的海岸侵蚀地貌。这种海岸地貌多属以基岩为主的山地丘陵，明显地反映出以海浪侵蚀作用为主的特征。常见的海蚀景观有海蚀崖、海蚀平台、海蚀柱、海蚀洞、海蚀拱桥和海蚀窗等。

（1）海蚀崖

海蚀崖是海岸地貌中最为引人注目的一种形态，它是由于海岸受到海浪冲蚀的长期作用，并伴随着岩石的崩塌而形成的一种特殊地貌，常见于由坚硬的基岩组成的海岸线，表现为近乎直立的悬崖峭壁。

在我国基岩海滩中，海蚀崖发育较为普遍。北起大连，南至海南岛鹿回头和广西涠洲岛等，均有海蚀崖发育。辽东半岛南端，岬湾曲折，海蚀地形尤为奇特。旅顺口外的峭壁，老虎滩岸的结晶断崖，大连满家滩海蚀崖等构成了奇特的石崖海滩。山海关东西两侧也分布有一些小型的侵蚀海岸，但由于长期接受附近入海河流泥沙的补给，海湾渐渐淤浅，海蚀崖崖坡变缓，成为死海蚀崖。山东半岛因附近有一些多沙性的大小型河流入海，花岗岩与火山岩的丘陵地区风化壳也较厚，因此发育着较典型的以侵蚀为主的海蚀地貌，如险峻的成山头、黑岩峥嵘的马山崖等。此外，还有莱州湾芙蓉岛海蚀礁，龙口市屺姆岛海蚀崖等。浙江、福建海岸的特点是大小港湾相连，岛屿星罗棋布，岸线极为曲折。除海岛沿岸有奇特的海蚀地貌外，大陆海岸地貌景观也非常奇特，如广州市南郊七星岗古海蚀崖遗址等也属于此类海蚀地貌。

(2)海蚀平台

海蚀平台是指海蚀崖前所形成的基岩平坦台地。基岩海岸被冲蚀成海蚀崖后，不断发育、后退，波浪也随之将崖麓的岩石碎屑移去，使海蚀崖向海一侧的前缘岸坡上形成一个微微向海倾斜的平台状地形。此后，平台不断地展宽，直到波浪通过平台，将能量全消耗于对平台的摩擦以及对碎屑物质的搬移上而使海蚀崖停止后退为止。海蚀平台表面并非完全平坦，除有海蚀柱、礁石外，其上还有次一级的微起伏地貌形态，如高度差只有数厘米至数十厘米的小陡坎、沿岩石裂隙出现的切沟及壶穴形地貌。海蚀平台一般位于平均海面附近，也有分布于高潮线以上的，它们是由特大暴风浪作用而形成的暴风浪平台；也有位于海面以下的，它们是由波浪侵蚀作用在下限处形成的海底平台。由于海平面的变化及地质构造运动，也会形成不同高度的海蚀平台。

在我国，海蚀平台的发育也很广泛。如辽东半岛的基岩海滩上，有数十米高的海蚀崖，其下有宽达一二百米的海蚀平台。平台之上，遍布黑石礁、海蚀柱、海蚀沟等。在山东半岛庙岛群岛一带，有宽达150多米的海蚀平台，其上有海蚀柱，五彩砾石遍布在岩滩平台之上。浙江普陀山，也有许多海蚀平台发育，如白云洞附近的海蚀平台，景观秀丽。广西北海市冠头岭海滨胜地，其南海蚀崖下的海蚀平台规模较大，宽达80米。

(3)海蚀洞

海蚀洞是由于海岸受到波浪及其挟带的岩屑的冲蚀和掏蚀作用而形成的，多面向海洋。由于波浪的冲蚀作用主要集中在海面和陆地的交汇处，因此海蚀洞通常分布在海蚀崖坡脚处。在岩石较为坚硬的海岸地区，海蚀洞的发育相对较好，而在较为松软的岩石构成的海岸地区，海蚀洞的发育可能不太显著。不过，对于那些水平节理及抗蚀较弱的岩层，海蚀洞穴的发育尤为显著，其深度甚至可达数十米。通常又把这些凹穴细分为海蚀洞、海蚀穴及浪蚀壁龛，它们是海岸上升的重要标志之一。海蚀洞在我国海滩上分布广泛，如浙江普陀山的潮音洞、梵音洞、落伽洞；福建晋江围头半岛的沿海、海南岛、涠洲岛、斜阳岛、龙门诸岛及白龙半岛等，均有许多海蚀洞发育。潮音洞和梵音洞是我国海滩名胜中最为著名的海蚀洞。

（4）海蚀拱桥

岬角的两侧因为地形突出，更容易受到波浪的冲击。当波浪的力量集中在岬角两侧时，它会侵蚀和剥蚀岩石表面，逐渐形成深而狭长的海蚀洞。海蚀洞经长期侵蚀后可互相贯通，形成海蚀拱桥，在广西沿海一带，又叫"象鼻山"。海蚀拱桥在辽东半岛沿海时有出现，著名的锦州笔架山朱家口村海蚀拱桥，由高5米、宽约3米的石英岩组成。大连附近小平岛的海拱石，潮高时可通小船。在浙江沿海诸岛基岩岬角地带，也发育有海蚀拱桥，高度一般在12米左右，宽度可达6米。闽粤一带也有一些海蚀拱桥。福建笏石半岛和大练岛的海蚀拱桥，十分瑰丽奇特。

（5）海蚀柱

海蚀柱是基岩海岸上的一种海蚀地貌。它主要是由以下两种侵蚀方式形成的：一种是当基岩海岸的岬角被海浪侵蚀而逐渐后退时，其中较坚硬的蚀余岩体残留在海蚀形成的岩滩上，形成"海蚀柱"；另一种是当海蚀拱桥进一步受到海浪侵蚀，顶板的岩体坍陷，残留的岩体与海岸分隔开来后峭然挺拔于岩滩之上，形成"海蚀柱"。海蚀柱在我国沿海常可见到，且沿海居民常据其形态称呼，如青岛石老人等。此外，我国南部沿海浙、闽、台、粤、桂、琼等地亦有广泛分布，较大的海蚀柱可高达16~18米。

（6）海蚀窗

海蚀窗是基岩港湾海岸常见的一种海蚀地貌形态，简称海窗，是从海蚀崖上部地面穿通岩层直抵海水的一种近乎竖直的洞穴。海蚀窗的形成主要源于海洋水文力量对海蚀崖、海蚀穴或海蚀柱的不断侵蚀，在这一过程中，海水会沿着海蚀柱或海蚀崖的裂隙和破碎带进行侵蚀，并逐渐扩大和加深这些裂隙，最终将整个岩体蚀穿形成一个近似圆形的洞。这一过程需要相当长的时间，但随着海水的反复侵蚀，洞口会逐渐扩大，形成独特的地质景观。这一景观在海滩上颇为罕见。如浙江普陀山潮音洞洞顶的海蚀窗，人称天窗，是海蚀地貌的奇特景观之一。

3. 海积地貌

经海蚀作用破坏海岸形成的岩块、泥沙和入海河流带来的泥沙，在波浪、潮流、海流推动和地形、波浪力与气候的影响下，最后会堆积形成沙滩、连岛沙坝、海岸沙丘、沙嘴沙坝、潟湖等海积地貌。海积地貌形成的海岸线比较平直，沿岸海水较浅，我国这类堆积海岸长约 2000 千米，主要分布于渤海西岸、江苏沿海以及一些大河三角洲地区。

沙滩是滨海地区特有的旅游资源，也是滨海旅游的特色之一。沙滩的形态多样，有直线形沙滩、对称弧形沙滩、对数螺旋形沙滩等多种类型。据初步调查，中国海岸适宜于开发海水浴场的主要滨海沙滩有 100 多处，其中渤海沿岸、黄海沿岸和南海沿岸沙滩资源较为丰富，主要分布在山东、广东、海南等省份。这些沙滩一般都长达几千米以上，有些沙滩甚至长达 10～30 千米。实际可开发利用的沙滩数量远远超过 100 个。例如，河北昌黎的"黄金海岸"、海南岛的亚龙湾、山东海阳的凤城万米海滩、广东陆丰的玄武山金厢滩等都是宝贵的旅游资源。滨海沙滩可根据其自然地理条件开发多种用途，如在坡缓、沙细、浪平的海滩可以开辟海水浴场；在风景皆备的海滩，则可以进行综合利用，开发集海水浴场、水上运动和观光于一体的旅游度假区。

沙嘴的形成涉及多种自然力的作用，当沙砾沿着海岸漂移时，如果遇到海岸线变化，例如岬角或湾口等地形特征，沙砾受到多种力的影响逐渐沉积，形成一个狭长的堆积地貌。通常沙嘴的形态比较优美，如新月，似镰刀，还有的呈现复式沙嘴。沙坝是海滩上一种形态巨大的堆积地貌，包括海岸沙坝、拦湾沙坝等。沙坝是由海浪和海流携带泥沙在滩边或湾中堆积而成的，长度可达几千米甚至数十千米，宽度可达几百米至几千米。沙坝常把海湾或海滩与外海分离开来。沙嘴和沙坝是沙滩景观中常见的两类地貌景观，在我国沿海沙滩上也有普遍分布，特别是在一些沙质小河的入海口发育较好。在辽宁碧流河、清云河等的入海处，均有沙嘴生长，景观奇特。在六股河、夏家河子一带，均有规模不一的沙坝发育。离岸沙坝作为海滩沙坝的一种，在河北省的滦河口至曹妃甸一段海岸发育良好。沙嘴和沙坝在福建沿海沙滩上发育良好，如闽江口的梅花沙嘴、平海湾西埔沙嘴、泉州湾大坠沙坝、围头湾塘东沙嘴、九龙江口鸡屿沙坝、旧镇湾后江沙嘴、东山湾内油尾沙嘴、宫口港西沙坝等，这些堆积形态长达 1000 米以上，宽数百米，顶端高出高潮面 1～2 米。

连岛沙洲是沙嘴继续发育的结果，它是沙砾堆积体形成的岛屿与陆地、岛屿与岛屿之间的陆连岛和岛连坝。

连岛沙坝自然形成的沙质堆积体，常常出现在大陆与邻近岛屿或相邻岛屿之间，展现出丰富多样的形态和地貌特征。连岛沙坝是一种形成于海浪、潮流的作用下，由沙粒逐渐堆积而成的沙质堆积体，常常出现在大陆与邻近岛屿或相邻岛屿之间，为地质学等科学领域提供了重要的研究素材。同时，这些沙坝所连接的区域也成为旅游者和自然爱好者探索的目的地之一。这种地理现象在我国具有广泛的分布，最为著名的是山东半岛北部沿海的屺姆岛和芝罘岛，其中位于山东省龙口的屺姆岛尤为典型，南侧海滩较宽，沙质较细，北侧是一个宽约100米的海滩。芝罘岛连岛沙坝是一个两头宽、中间窄的沙坝堆积体。连岛沙坝北端与岛连接处分布着早期形成的环状堆积体，环堤内有一个潟湖。

海岸沙丘是海滩沙质物质受风的作用，在海岸形成的风积地貌。加积性海滩在波浪作用下常形成多条海滩脊，露出水面的海滩脊受风的作用而形状改变，高度增加，特别是其上长有植物时，阻挡了风沙，便逐渐发育成一条狭窄的、由不规则沙丘与洼地组成的沙丘带，称为水边底沙丘或海岸前丘，它们形成一个高出高潮水位若干米的屏障。

潟湖是一种封闭或半封闭的浅海水域，它常常是在沙坝、沙嘴或珊瑚礁等的作用下将海湾或近岸水域围成的湖泊，如河北省昌黎县的七里海、海南岛万宁市的小海等。潟湖内非常适宜开辟海滨浴场。由珊瑚礁构成的潟湖，景观更为独特，湖水、珊瑚、椰林构成了一幅迷人的热带海滨风光。当潟湖与海水长时间隔离并受到地表水的影响时，潟湖将会转变成淡水湖泊，此时称为残迹湖。此类湖风光十分优美，如著名的杭州西湖就是一个残迹湖。

4.海岛景观

我国广阔的海域上散布着各种类型的海岛和岛群，构成了一个数量庞大的海岛景观。据统计，面积超过500平方米的海岛就有6500多个，这一数字还没有包括海南岛以及台湾、香港、澳门等地，面积在500平方米以下的海岛和岩礁近万个。由于地质、海洋、气候以及历史等原因，海岛形成了多种自然景观和人文景观，类型复杂，再加上生态环境良好，吸引了众多的国内外游客。

滨海地区有些海岛是以海、山等自然风貌为主体的自然旅游资源，如山东长岛县诸岛屿、江苏海州湾的秦山岛、杭州湾畔的上海金山三岛和浙江舟山群岛的普陀山等以"海市蜃楼"为特色的山海天象景观，山东长岛月亮湾卵石海滩、青岛薛家岛和江苏东西连岛等碧海金沙白浪的天然景观资源，青岛的"石老人"、东海区嵊泗的鹿颈头、岱山的"燕窝石笋"、普陀山的"盘陀金刚石、二龟听法石、一叶扁舟石、二洞潮声"等山石地貌景观资源。此外，有些海岛是以历史遗迹、名胜古迹和现代人文景观为主的人文旅游资源，如舟山群岛岱山县大舜庙后墩新石器时代遗址以及著名古刹——厦门南普陀寺宗教庙堂景观资源。普陀山素有"南海圣地""海天佛国""蓬莱仙岛"之称，与九华山、峨眉山、五台山合称中国佛教四大名山。总体看来，海岛以其独特的海洋韵味和海陆兼备的景观特色，成为我国生态旅游和度假旅游的重要选择。

5. 水体景观

海岸带是海洋与陆地的接触地带，地理位置特殊，由海水所形成的景观与普通水域风光相比有其独特之处，是滨海旅游区进行观光活动和海上娱乐活动的主要载体。颜色是人类看待某物体最先敏锐捕捉到的东西，海水以它永恒的绿和与之相媲美的蓝，给人以感官和心理上的亲和感，对游客有着强烈的吸引力。海水的潮汐与波浪是大自然赋予游客的一种动态景观，广阔无垠的海域给人以心灵上的震撼和无限的展望。

海水潮汐是海岸地带的一种自然现象，是海水运动的一种形式，指海水在月球和太阳引力的作用下，所发生的周期性海水上涨—达到高潮—水位下降—出现低潮的涨落现象，永不停歇。海水的侵蚀力分散于潮间带内的广泛区域，使得海滩宽且倾斜，这为旅游者提供了相对广阔的活动空间。潮波推移所引起的潮位升降幅度大小，称为潮差，又称潮幅，潮差愈大，海滩就愈宽。我国沿海潮差布局形态是东海沿岸最大，渤海、黄海次之，南海最小。海水涨潮之时，波浪翻腾滚滚、海水层层倒卷，水高浪大，产生轰鸣巨响，气势雄伟壮观，吸引了大量观潮游客。我国历史上较著名的观潮胜地有山东青州涌潮、广陵涛和钱塘潮，其中钱塘潮奇观最为著名。钱塘潮是多种因素综合作用下形成的涌潮，每年农历八月十八，是钱塘江天文大潮的最佳观潮期。此外，海滨城市汕头是全国少有的可在中心城区观赏内海的城市，空气清新，环境优美，每年都有大批旅游者到汕头度假，观潮汐胜景。

涌浪是离开源地向远处继续传播的海浪，或风浪区域内的风已平息而继续存在的海浪。浪侵蚀力弱，对于海岸和海滩的构造一般不会造成显著的破坏，但其海积作用强，通常易于促进泥沙的积累，加之和缓、有规律的波浪，为爱好冲浪的旅游者提供了良好的活动环境。最著名的冲浪海岸分布在大浪与海岸汇合的地方，如澳大利亚东部海岸的悉尼邦迪海滩、大西洋最著名的加勒比海冲浪海滩。全球著名的冲浪胜地有夏威夷的瓦胡岛、法国西南海岸和印度尼西亚的民大威群岛。虽不能和世界著名的冲浪胜地相比，但我国滨海地区也分布着很多适合冲浪的地方，如海南岛东南海岸的南燕湾、日月湾、石梅湾、香水湾等，还有青岛和深圳西冲海滩等地都是冲浪者的天堂。

海底景观游览：我国有些近岸海湾，海水清澈透明，可见度高，是理想的潜水娱乐之地。近年来，随着科技水平的提高，海底景观游览也逐渐发展成为旅游热点。海底众多的礁栖鱼类游弋穿梭的景象、壮丽的日出与日落景观极具吸引力。我国南海沿岸赋存独特的海底景观资源，如广东省茂名市电白区放鸡岛附近海域没有暗涌且能见度高，适合开展浅水潜、深水潜和探险潜，这是目前国际流行的潜水运动。此外，三亚玳瑁洲附近的水域，北海白虎礁、涠洲岛等水域都是极佳的潜水海域，适宜海底景观游览。

6. 气候与天象

我国滨海地区以其独特的地理位置和气候条件吸引了全国的游客前来参观。滨海地区呈南北纵向分布，地处东南，面向太平洋，形成了丰富多样的自然风光和气候特征。最显著的特点之一就是其横跨温带、亚热带和热带三个气候区域，为游客提供了一年四季都适宜旅游的理想场所。不同季节的气候差异，使得游客可以根据个人偏好选择合适的时间前来体验不同的风景。温带地区的北部滨海城市在夏季气候凉爽宜人，适宜避暑度假；亚热带地区的城市则在春秋两季呈现宜人的天气，是理想的观光胜地；热带地区的滨海城市则常年气温适中，成为冬季度假的好去处。无论是追求温暖沙滩度假、欣赏春秋美景，还是寻找夏季避暑之地，滨海地区都以其独特之处吸引着各类游客。此外，多种气候类型使滨海地区生物旅游资源较同纬度内陆地区丰富，这为滨海旅游提供了雄厚的生物资源和优越的环境条件。滨海地区主要的气候天象景观如下：

海市蜃楼是海上最为著名的奇景之一。我国出现过海市蜃楼的有山东蓬莱和长岛、辽宁大鹿岛、浙江的舟山群岛、广东的惠来和湛江，其中蓬莱和长岛出现最多。

海上观日指在海上或海滩观赏日出日落。台湾八景之一"安平夕照"，享有盛誉。台湾古八景中的"东溟晓日""西屿落霞"，亦以观日闻名。此外，浙江普陀山朝阳洞也非常适宜观看日出。

神秘海火是一种海发光现象。从结构简单的细菌到结构比较复杂的无脊椎动物和脊椎动物，都有着种类繁多的发光生物，因而海发光现象在我国沿海广泛分布。海火发光存在类型分布差异，以火花型发光为主，分布最广；弥漫型发光只有闽、粤少数地方出现过；闪光型发光只出现在闽、粤、琼、桂沿海。同时，海火发光强度存在区域差异，北方沿海比较弱，南方沿海较强，一般清晰可见。其中，台山、三沙、北菱、云澳、遮浪、闸坡等是我国沿海海火发光最强的地方。

7. 生物景观

在广袤的海洋中，形态各异、颜色绚丽的生物是海洋生态系统的重要组成部分，成为吸引游客的独特景观。

海岸滩涂、河口、海岛、珊瑚礁、上升流及大洋等各种生态系统，具有丰富多样的海洋生物物种、生态类型和群落结构，形成了奇特的生物景观资源。如在渤海海峡的庙岛群岛，具有特殊的生态景观，每当春、秋季，候鸟南来北往，有"鸟岛"之称；在无棣贝壳堤岛与湿地系统国家级自然保护区内，具有国内独有、世界罕见的贝壳滩脊海岸，是我国乃至世界上珍贵的海洋自然遗产，而且该保护区是目前世界上唯一还处在生长发育中的贝壳堤岛，在我国海洋科研工作中极受重视，并且其得天独厚的自然环境与生态条件，具有很大的旅游开发价值；在江苏盐城地区，沿海滩涂具有世界稀有珍禽——国家一级保护动物丹顶鹤，每年有大批丹顶鹤在此过冬；在我国南方海岸，热带与亚热带红树林与珊瑚礁生态景观是一道亮丽的风景。红树植物是生长于潮间带的乔灌木的通称，涨潮时被海水淹没，落潮时部分露出水面，素有"海底森林"之称，并蕴含着丰富的生物种类，有鸟、鱼、蟹、虾等。在我国，以海南岛东港寨（如玉山县东寨港是我国南方最大的红树林区）、广西山口、广东雷州半岛、珠江口、电白、阳江等地的红树林最为著名。珊瑚礁是珊瑚虫骨骼遗骸积聚起来而形成的，我国珊瑚礁基本上都分布在北回归线以南。作为珊瑚礁北界的澎湖列岛，基本上每个岛屿都有岸礁或堡礁发育。此外，在海南三亚、大洲、台湾南端垦丁、兰屿及南海诸岛均有分布。我国珊瑚礁海岸生态景观丰富，是独具特色的生态旅游地和科研教育旅游地。

三、滨海人文旅游资源类型及系统分析

（一）我国滨海人文旅游资源总体特点

1.沿海人文建筑众多，历史文脉延续

中国沿海地区历史文化悠久，既保存有大量的历史人文古迹，如古遗址、宗教文化遗址、军事防御体系、建筑景观等，又有体现近现代人文发展足迹的建筑群。中西文化合璧，古今历史文脉延续，从而体现出厚重的海洋文化内涵。

2.沿海港口资源独特

中国绵延曲折的海岸散布着许多优良的海港，自北向南主要有丹东、大连、旅顺、营口、秦皇岛、天津、龙口、烟台、威海、青岛、连云港、上海、宁波、温州、福州、基隆、厦门、高雄、汕头、香港、黄埔、湛江、海口、北海和三亚。众多海港不仅承担了海上交通枢纽的责任，还能依托港群和临港工业区为开发工业旅游项目提供优势资源和发展空间，实现海岸功能的复合开发。

3. 沿海民俗民风特色鲜明

中国海岸线漫长，在长期的历史文化演变中形成了具有地域特色的文化板块。不同地域文化和民俗风情都对游客具有较强的吸引力。北部海域是中原文化的发源地之一，是中国传统文化的集聚地。长三角滨海地区典型的江南风韵与海派文化交相辉映，福州、厦门、泉州等城市的妈祖文化，具有独特的魅力。

（二）滨海人文旅游资源类型分析

1. 历史遗产

在滨海地区漫长的历史演变和社会发展过程中，遗留下来的一系列历史遗迹、遗址与遗物，集中反映了滨海地区独特的民族风貌与传统文化，展现出滨海地区在各个历史时代的政治、经济、文化、科技、建筑和艺术特点，具有一定的历史研究与科学教育价值，也造就了滨海地区强大的旅游吸引力。

（1）遗址遗迹类

近些年沿海地区陆续发现了古人类化石及其遗址、遗物，许多都是省级以上文物保护单位，为研究人类起源和人类进化提供了极为宝贵的科学资料。另外，众多海防军事遗址、古城遗址和历史名人遗迹等至今保存完好，不同程度地满足了旅游者探索古代人们生活方式、古代科学技术与体验人类传统文化的需要。

①人类文化遗址。我国滨海地区人类文明历史悠久，不同地域形成了不同的文化遗址，留存了许多著名的远古遗迹。例如，辽宁营口金牛山遗址，包括4个化石地点，是全国重点文物保护单位和东北地区最早的旧石器时代古人类遗址；山东青岛有保存相对完好的新石器文化遗址和古文化遗址，其中新石器文化遗址集中分布在城阳、即墨和胶州，如城阳城子崖遗址、即墨南阡遗址、即墨石原遗址和胶州三里河文化遗址；浙江余姚市河姆渡遗址，其年代距今有六七千年，是世界闻名的新石器时代遗址，出土的文物种类与数量繁多，曾多次出国展览。此外，还有上海青浦福泉山良渚文化遗址、厦门北大岭汉代古文化遗址、广州秦代造船遗址、广州天字码头、深圳市咸头

岭史前文化遗址、三亚落笔洞古文化遗址等，这些都见证了我国滨海地区古老的文明与文化史。

②军事防御体系遗址。军事海防遗址遗迹是历史上滨海地区为防御外敌所遗留下的特殊产物，如镇海海防遗址，地处历代海防要地镇海甬江入海口一带，留存了自明中叶以来，我国东南沿海人民抗倭、抗英、抗法、抗日等自卫战争的海防历史遗址；"南有虎门，北有大沽"，天津大沽口炮台与广东东莞虎门要塞是我国近代史上两座重要的海防屏障；此外，营口西炮台遗址、大连甲午海战旧址、秦皇岛山海关万里长城、山东威海刘公岛甲午战争纪念地、海南海口秀英炮台等，都具有较高的历史价值和爱国教育意义。

③古城与古城遗址。滨海地区重要的古代城池遗址有：江苏常州市武进区淹城遗址，建于春秋晚期，从里向外由三城三河嵌套组成，是我国目前同时期古城遗址中保存最为完整的一座；福建省武夷山市兴田镇城村汉城遗址，始建于西汉时期，是我国长江以南地区规模最大的古城遗址，出土了4万余件汉代风格文物，展现了福建地区2000多年前高超的冶炼铸造和制陶等的工艺水平；此外还有辽宁丹东九连城、营口古城遗址，山东蓬莱水城，浙江杭州良渚古城，福建长汀古城，广东惠州惠东平海古城、廉江河唇镇罗州故城遗址等。

④名人故居、陵墓、石刻。历代开国君主创基立业、开疆辟土，帝王将相巡视天下、祭天拜祖、兴建工程，文人骚客游历山川、观风赏月、会友访故，名帅勇将抵御外寇、勇战沙场，均在沿海地域留下了他们的足迹和故事，构成了滨海地区珍贵的人文旅游资源，并且随着历史的变迁，呈现出一定的地域分布特征。典型的资源有名人故居、陵墓和石刻。名人故居如山东潍坊李清照故居、日照孙膑读书院遗址、青岛蒲松龄故居，上海宋庆龄故居，浙江绍兴鲁迅故居，福建福州冰心故居，广州孙中山故居等；帝陵与名人陵墓有山东青岛浮山康有为墓、田横五百义士墓，江苏明代帝陵、无锡江阴徐霞客墓，福建福州严复墓、林则徐墓，广州南汉皇陵、黄花岗七十二烈士陵园，深圳市南山赤湾天后宫宋少帝陵等；石窟、摩崖石刻有辽宁锦州万佛堂石窟、大连双塔崖石刻，山东威海圣经山摩崖石刻、滨州丈八佛石造像，江苏丹阳南朝陵墓石刻、连云港孔望山摩崖造像，福建晋江草庵石刻，广东肇庆七星岩摩崖石刻等。

（2）古建筑类

我国滨海地区历史悠久，宗教建筑群与殿堂、楼阁等古建筑是我国2000多年封建社会建设发展的成果，从不同角度反映了滨海地区不同地域在特定历史阶段下的文化取向、宗教信仰和艺术特点，代表了同时期我国建筑的水平和城池建设的成就，展现了我国古代劳动人民的智慧。古建筑富含的历史魅力对现代旅游者构成了强大的吸引力，古建筑旅游也是我国旅游发展的一大趋势。

①宗教建筑群。佛教传入我国历史悠久，覆盖地域广阔，内容丰富，海岸带的宗教古建筑也以禅院古刹最多，体现了地方文化和佛教文化的交融，著名的佛教建筑有河北北戴河观音寺、青岛华严寺、江苏镇江金山寺、连云港镇海寺、上海玉佛寺、浙江宁波天童寺、古阿育王寺、福建泉州开元寺、厦门南普陀寺等。道教是我国的传统宗教，可追溯到先秦时期，而正式形成于东汉中后期，我国滨海地区著名的道教古观有天津玉皇阁、秦皇岛山海关三清观、青岛崂山太清宫、明霞宫、连云港花果山三元宫、浙江温州紫霄宫、玉泉楼、杭州抱朴道院、广州三元宫、纯阳观等。其他宗教建筑还有天津天后宫，秦皇岛孟姜女庙、山东烟台阳主庙、庙岛天后行宫，苏州春申君庙、禹王庙，广州仁威庙，海南文昌孔庙、海口西天庙等。

②殿堂、楼阁、牌坊、门楼。亭台楼阁、雕梁画栋点缀于古城幽镇、名胜古迹之间，蕴含着我国5000年文明史中深邃的文化内涵和独特的审美价值观，如河北北戴河鹰角亭、山东东营南宋大殿、青岛徐福殿、烟台惹浪亭和蓬莱阁，上海城庙大殿、沉香阁，苏州轩辕宫正殿、寂鉴寺石殿、沧浪亭、陆巷古村牌坊、宁波庙沟后、横省石牌坊、杭州文澜阁、江湖汇观亭、元福巷三元坊、浙江嘉兴烟雨楼、绍兴兰亭、福州戚公祠、大士殿、华林寺大殿、漳州威镇阁、石牌坊、广州资政大夫祠、五岳殿、珠海梅溪牌坊、三亚望海阁和怀苏亭等。

③名桥。滨海地区的桥梁建筑不仅体现了我国劳动人民与自然力量对抗时流露出的智慧，而且展现了东方传统审美艺术，如上海外白渡桥，处于苏州河下游河口，濒临黄浦江，始建于1856年。如今的外白渡桥，已经是经过

重建后的第三代桥梁，是旧上海的标志性建筑之一，饱含了浓厚的旧上海风韵。泉州洛阳桥，横跨泉州东北洛阳江上，兴建于宋皇祐五年（1053年），是海上丝绸之路的起点，在1604年泉州里氏八级地震中安然无恙，是世界建桥史上重要的里程碑。此外，我国滨海地区的名建筑还有青岛栈桥、江苏太仓石拱桥、苏州宝带桥、杭州西湖断桥和钱塘江大桥、福建晋江安平桥、三亚三谛桥等。

④古典园林与田园景观。中国古典园林是我国古建筑中的一朵奇葩，被公认是世界园林之母，是人类文明的重要遗产与世界艺术奇观。中国古典园林注重发掘自然之美，追求人与自然的和谐，同时又有中国传统文化内蕴，具有极高的审美价值。

我国古典园林包括皇家园林、私家园林及其他类型的园林。

皇家园林是专供帝王休憩的园林，建筑规模宏大，装饰富丽堂皇，多集中于北京城，滨海地区典型的皇家园林有承德避暑山庄。承德避暑山庄距离北京230千米，始建于康熙四十二年（1703年），于乾隆五十七年（1792年）建成，是清代皇帝夏日避暑和处理政务的场所，由宫殿区和苑景区两部分构成，山庄环境清幽、朴素淡雅，山中有园，园中有山，集中国古代造园艺术和建筑艺术之大成，是中国现存占地面积最大的古代帝王宫苑和皇家寺庙群。

私家园林多为皇室宗亲或民间贵族、官僚所私有，建筑规模较小，设计精巧，多集中于北京城和江南地区。滨海地区现存典型的私家园林有苏州拙政园，始建于明代正德四年（1509年），至清末形成东、中、西三个相对独立的小园，中园是其主体和精华所在。亭台轩榭多临水而筑，采用了借景和对景等造园艺术，集聚山岛、竹坞、松岗、曲水之趣，被誉为"中国私家园林之最"。其他典型的私家园林还有苏州网师园、留园、环秀山庄、狮子林、艺圃、耦园、鹤园、怡园、曲园，上海豫园、青曲水园、南翔古猗园、松江醉白池、嘉定秋霞圃，浙江嘉兴海盐绮园，广东东莞可园等。

寺观园林、名胜园林、陵墓园林、坛庙园林、书院园林等其他类型的园林，有绍兴兰亭、嘉兴烟雨楼、杭州文澜阁、宁波天一阁、杭州西泠印社，以及传统田园景观，如山东烟台牟氏庄园、滨州魏集地主庄园等。

⑤近代西洋建筑。在近代历史中，由于特殊的地理位置和地缘关系，滨海地区成为中西文化融合的前沿地区，拥有诸多西洋建筑。作为滨海地区历史发展的缩影，这些近代西洋建筑成为具有独特历史文化价值的人文旅游资源。如大连中山广场近代建筑群，绝大多数建筑属欧式风格，而且每幢建筑都有自己的亮点；青岛拥有大量的德式建筑和欧式建筑，八大关建筑群、中山路百年商业老街等集中反映了青岛城市形态、文脉传承与历史演变；上海外滩欧式老建筑群，荟萃着世界各国不同时期的多种建筑样式。滨海地区有代表性的西洋建筑还有大连俄罗斯一条街欧式古建筑群、天津五大道洋楼、厦门鼓浪屿欧式建筑群、广州沙面西洋建筑群等。

（3）纪念地

纪念地包含与重大历史事件、重要历史人物相关的遗址、遗迹，或为其专门建立的纪念馆、展览馆等，大体可分为革命纪念地与历史纪念地两类。

①革命纪念地。革命纪念地是指我国历史上尤其是鸦片战争以来，中华民族为了实现民族独立和民族解放，在反帝反封建的革命斗争活动中形成的遗址、遗迹和纪念地，如辽宁丹东鸭绿江断桥、大连苏军烈士纪念塔，山东烟台雷神庙战斗遗址、威海天福山革命遗址，上海徐汇区龙华革命烈士纪念地、中国共产党第一次全国代表大会会址，广东东莞大岭山抗日根据地旧址、广州农民运动讲习所旧址等。

②历史纪念地。历史纪念地能够满足旅游者深刻认识历史事实、体会民族精神的需要，以其独特的文化内涵和旅游教育功能成为现今的旅游热点，如秦皇岛山海关八国联军营盘旧址、山东烟台田横山文化公园、东营柏寝台、滨州秦台，上海中国社会主义青年团中央机关旧址，广东东莞林则徐销烟池与虎门炮台旧址、广州黄埔军校旧址、广州中华全国总工会旧址、广州国民党"一大"旧址，海南陵水县苏维埃政府旧址等。

2. 现代人文吸引物

随着我国现代城市建设步伐的加快与沿海旅游业的快速发展，滨海地区现代人文景观大批涌现，无论是景观数量还是景观类型都呈现出扩张态势和多样化发展趋势，极大地丰富了人文旅游资源，提高了滨海城市的旅游竞争力。现代人文景观主要包括：产业旅游地、科学文化教育类、休闲健身购物类、疗养度假地、休闲健身购物类等。

（1）产业旅游地

产业旅游地是滨海地区较为特殊的现代人文旅游资源，主要指集生态、旅游、休闲娱乐为一体的农业生态园以及依托港口、临港工业建立的工业生态园等，这是由农业和工业产业功能衍生出的特殊旅游功能。例如，大连长青现代农业园、天津津南国家农业科技园、北戴河集发生态农业观光园、青岛啤酒生态园、苏州西山国家现代农业示范园区、上海卢湾区"8号桥"工业创意园区、厦门翔安区银鹭工业园、汕头农业科技园、海南农垦万嘉果农庄等。

（2）科学文化教育类

①科学教育设施、展览馆、博物馆。此类旅游资源主要向青少年、学者等群体展现地方科学发展成果，知识文化含量高，有助旅游者了解该地区的过去并展望未来。此类旅游资源主要有：大连市科技馆、贝壳博物馆、巨型玉雕展览馆，天津科技馆、自然博物馆，青岛科技馆、海军博物馆，上海松江科技园、东亚展览馆，厦门东海火炬科技园、华侨博物院，广州海洋馆、艺术博物院，三亚南天生态科技观光园、自然博物馆等。

②现代水工建筑。现代水工建筑是实现水利工程目标的重要组成部分，用于控制和调节水量、开发利用水资源、促进水上交通。沿海地区港口是船舶安全进出和停泊的运输枢纽，其中水工建筑的建设主要为水陆联运提供优良设备和有利条件。现代水工建筑规模庞大，设计方法极为精妙，对旅游者尤其是内陆旅游者有较大的吸引力，如连云港拦海大堤，把陆地与海岛连接在一起，成为一道海上亮丽的风景线。此外，著名的现代水工建筑还有山东东营黄河胜利大桥，上海洋山港、宝山码头、杨浦大桥，浙江宁波舟山港、杭州湾大桥，福建厦门厦门港、海沧大桥，广东东莞虎门大桥、深圳湾大桥，海南海口港等。

（3）观光休闲类

①现代建筑。伴随着建设国际化大都市的潮流，现代城市建筑突出反映了滨海地区快速发展所呈现的经济特征，各大沿海旅游城市大都在繁华市区

建设兼具现代化与中国传统风格的建筑，并拥有自己的标志性建筑，典型的有大连、青岛、上海等。大连已经建设成为立体化的国际城市，高层建筑的独特造型融入大连的城市风格之中。其许多建筑融合了东西方建筑风格以及现代建筑理念，是城市风格与形象的代表，也是城市文化品位的象征。"海上都市，欧亚风情"是青岛城市风格的典型写照。青岛的现代建筑物规模宏大，被誉为"万国建筑博物馆"，其东部新城区的建设借鉴传统的欧式和中式风格，同时融入了现代元素，追求人性化，长12.8千米的东海路中华文明雕塑长廊和29届奥帆赛比赛场地——浮山湾大型综合海上运动中心均给人以现代都市的视觉冲击。上海是一座国际化大都市，具有新的城市建筑体系。建筑是上海的重要组成部分，而城市是建筑的空间延伸，建筑与整个城市的空间布局融为一体，从而形成了上海特有的城市空间。由于政治、经济条件的特殊性，上海的现代建筑融入包罗万象、海纳百川的城市文化，这种风格在外滩建筑上体现得尤为明显。20世纪90年代，上海城市建设进入大规模发展时期，建筑成果显著，上海街面日新月异，建筑艺术风格更加融洽与和谐。

②公园。现代城市公园是由政府或公共团体建设经营的，供公众休息、娱乐、观赏的自然和人文景区、游憩场地。我国城市公园可分为综合性公园、专项公园（动物园、植物园、专类花园、儿童乐园）两种类型。例如，星海公园是大连市历史最悠久的综合性海滨公园，由陆域园林和弓形海水浴场两部分组成，陆域园林内植物种类繁多、景色宜人，海水浴场沙滩平坦、水流缓慢，全国最大的蹦极跳与著名的海底通道水族馆"圣亚海洋世界"也坐落在公园之中；越秀公园是广州最大的综合性文化休憩场所，由山岗和人工湖组成，以文物古迹众多、风景秀丽而著称，展现了历史文化与现代文明的交融。此外，滨海地区有名的现代公园还有天津水上公园、青岛鲁迅公园、连云港墟沟海滨公园、上海世纪公园、厦门白鹭洲公园、深圳东湖公园和海口鹿回头山顶公园等。

主题公园是一种独特而引人注目的休闲娱乐活动空间。在主题公园中，特定的主题成为整个空间的核心。精心设计的景观和各种娱乐元素，能够将游客引入一个富有故事情节或文化内涵的世界。这种有主题的设计方式使主题公园不仅仅是一处娱乐场所，更是一个可以让游客沉浸其中、参与其中的互动体验空间。游客可以在这里感受到独特的氛围，参与各种刺激有趣的活动，享受到一种融入特定主题世界的感觉。这种全方位的体验不仅吸引了家庭、朋友团体的游客，也吸引了各个年龄层次的人们。举个例子，深圳锦绣中华民俗村是全世界最大的现代中国文化主题公园，是目前世界上面积最大、内容最丰富的实景微缩景区，其中景点可以分为古建筑类、山水名胜类和民居民俗类。滨海地区知名度较高的主题公园还有大连发现王国主题公园，天津滨海航母主题公园，无锡三国城、唐城，上海锦江乐园、大世界游乐中心、影视乐园，厦门"梦之岛"主题乐园、海洋主题公园，广州长隆欢乐世界，深圳世界之窗、欢乐谷等。

③休闲娱乐型旅游吸引物。此类旅游资源的种类与数量在现代城市旅游中非常丰富，如大型购物地、体育与军体设施、健身康体设施与娱乐设施等，能够刺激旅游消费，增加当地旅游收入。大型购物旅游地包括市场、专卖店和购物中心，如大连天津街、西安路，天津和平路商业街、纪庄子购物中心，青岛中山路商业街、上海南京路、恒隆广场，广州北京路商业街、海珠购物中心等；体育与军体设施如大连刘长春体育馆、秦皇岛市奥体中心体育场、青岛浮山湾大型综合海上运动中心、上海东亚体育文化中心、厦门思明区水立方运动馆、深圳福田体育馆等；健身康体设施多指现代城市健身馆、健身俱乐部等，如天津宝力豪健身金牌店、青岛国际高尔夫俱乐部、上海美格菲健身中心、厦门新潮流健身馆、广州御都体育馆、深圳加州健身俱乐部等；娱乐设施多指游乐园、娱乐中心与夜总会等，如大连东海月光城、天津南湖游乐园、秦皇岛南戴河国际娱乐中心、山东日照海之韵旅游家园、苏州吴越春秋游乐园、世纪大上海电影院、厦门有福城堡夜总会、广州五月花电影城等。

除上述城市旅游设施外，疗养度假地也是适合旅游者休闲娱乐、缓解日常生活压力的好去处。滨海地区的著名疗养度假地有大连龙门温泉旅游度假区、连岛海滨旅游度假区、上海南汇滨海旅游度假区、厦门日月谷温泉度假村、广州番禺区小瀛洲度假村、深圳西部海上田园旅游区、三亚金陵度假村和万宁兴隆华侨农场等。

(4) 地方特色类

地方特色类景观包括当地独有或外地少有的，能够体现地方民俗与传统文化的民间节庆、现代节庆与当代会展，以及当地土特产和工艺美术品。

①节庆活动。展现地方特色的节庆活动往往会吸引大量旅游者的目光，当地政府或社会团体也通常以此为契机促进经济交流与旅游发展。蓬莱渔民的"渔灯节"就是很有特色的民间节庆活动。胶东蓬莱素有"人间仙境"之称，古时每逢正月十五当地渔民会点灯、送灯至"海神庙"、"龙王庙"或海面上，期盼亲人出海平安。随着时代延续，现今每年正月十三和十四是蓬莱渔民的"渔灯节"，一个热闹喧嚣、富有地方文化色彩的渔民盛典。此外，这类活动还有天津太平花鼓会、青岛海云庵糖球会、无锡泰伯庙会、无锡西高山庙会、杭州龙井村春茶会、厦门香山庙会、海南万宁放灯节、海口琼山军坡节等。

现代节庆是重要的旅游产品类型，主要有天津月季花节、妈祖文化旅游节，青岛国际啤酒节、海洋节，上海之春国际音乐节、上海电影节，杭州西湖国际桂花节、西湖国际烟花大会，广州波罗庙诞会、美食节，海南三亚天涯海角国际婚庆节、万宁兴隆东南亚风情狂欢节。当代会展主要有大连国际服装博览会，青岛中国国际航海博览会、中国国际渔业博览会，上海旅游纪念品、消费品博览会，福州工艺奇石博览会，厦门国际佛事用品展览会，广州国际艺术博览会等。

②土特产、工艺美术品。土特产与工艺美术品是当地风土人情的缩影，是旅游者购物的主要对象之一。滨海地区的土特产有大连鲍鱼、刺身，天津十八街麻花、"耳朵眼"炸糕、王朝半干白葡萄酒、青岛啤酒、胶南保鲜蛤蜊、干海产品，苏州碧螺春茶、太湖银鱼、苏绣，上海进京乳腐、枫泾丁蹄、绒绣，杭州西湖藕粉、龙井茶叶，宁波刺绣、金银彩绣，深圳西乡基围虾、沙井蚝，广西北海海参、沙虫，海口麒麟菜、珍珠等。工艺美术品有大连贝雕工艺品、岫岩玉雕，天津砖刻、泥人张彩塑，青岛崂山绿石、田横砚，连云港玻璃工艺制品、柳编，苏州内画壶、红木制品、苏扇，上海雕刻、玉雕、漆器，杭州王星记扇子、天竺筷，福州角梳、软木画，厦门漆线雕，漳州八宝印泥，海口椰雕、苗家蜡染、佛珠等。

3. 抽象人文吸引物

抽象人文吸引物是指不以具体物质形态存在的人文旅游资源，主要包括婚丧嫁娶、饮食起居、节庆祭奠、游艺竞技等在内的社会风情类和民间传说类旅游资源，是当地居民的各种社会文化活动在漫长的历史过程中累积沉淀的结果。抽象人文吸引物的形成与分布不仅受历史、民族、意识形态等因素的制约，还受到自然地理环境的深刻影响，并由此而形成明显的地域特征，在滨海地区突出表现为近海居民生产与生活中独特的渔家民俗风情。

（1）特色民俗

滨海地区能充分体现社会民俗风情的大型景型多是集风味美食、民俗娱乐和住宿为一体的综合性旅游景区，包括民俗村、文化园等。例如，山东日照王家皂民俗旅游度假村，是由一个以渔业为主的沿海渔村发展而来，现已建设成为风景秀丽、环境优美、交通便利、民风淳朴的全国最大的旅游专业村，是旅游者休闲度假、感受渔家风情的绝佳目的地。此外，日照还有任家台渔家风情旅游度假村、乔家墩子民俗旅游度假村、吴家台民俗旅游度假村、董家滩民俗旅游度假村、肥家庄民俗旅游度假村等多处民俗度假村。其他沿海地区同类景区还有大连冰峪民俗风情园，天津葛沽民俗旅游区，秦皇岛抚宁朝鲜民俗村，苏州水乡风情民俗园，上海南汇风景区桃源民俗村、古代民俗娱乐村，宁波市象山县民俗文化村，武夷山古汉城民俗村、下梅村，厦门台湾民俗村，海口南国民俗风情文化村，三亚神州第一泉民俗风情园、回族村等。各民俗村均以多彩的形式和缤纷的内容展现本土传统风貌，吸引众多国内外游客慕名而来。

（2）民间传说

以民间传说为主题而建设的旅游景区景点通常具有浓厚的神秘色彩和趣味性，易于满足旅游者探古寻幽、体验传说意境的个性旅游需求。例如，山东烟台蓬莱八仙过海旅游景区，位于烟台市蓬莱区北黄海之滨，景区以道教文化为背景，以家喻户晓的八仙传说故事为主题，集古典建筑与艺术园林为一体，寓意深远，观赏性强，是休闲、度假、体验八仙意境的旅游胜地；无锡蠡园，讲述了智者范蠡与美人西施凄美的爱情故事；大连龙门汤温泉，流传着腾龙送子的古老传说。此外，还有旅顺三岛传说、青岛石老人传说、连云港十八盘与桃花涧传说、苏州三山岛传说、福州粗芦岛传说、厦门白鹿洞传说、三亚落笔洞故事都赋予了相应景区以民间神秘色彩，提升了景区的文化内涵。

总体来看，在滨海地区漫长的海岸线上，抽象人文旅游资源丰富，自然与人文地理环境风格迥异，再加上我国海洋渔业生产历史悠久，因此诸多风情迥异的渔家古风古俗世代相传，流传至今。

海洋地域因素对滨海地区的生活方式、习俗和传统产生了深刻影响，为这一地区的人文景观注入了独有的魅力，形成了无法在内陆地区找到的独一无二的民俗风情，因此对内地游客产生了强大的旅游吸引力。

第二节　滨海旅游业资源开发模式

在旅游业中，滨海旅游已发展成最核心的一个组成部分，这得益于三个方面的原因，即海洋区域优美的风光、人们对海洋天然的依恋和人们在工业文明中形成的回归自然的向往。由世界旅游部门的统计得知，目前全球旅游业总收入的一半由滨海旅游业收入构成。自20世纪80年代至今，我国海洋旅游业实现了快速发展。在人们的休闲方式中，海洋旅游随着人们生活水平的提升与休闲消费的不断增长而发展为新的风尚。滨海旅游开发在持续发展的进程中已成为旅游开发市场的核心，不过滨海旅游开发该采用什么样的模式才能满足不同地域、不同政策引导、不同经营主体，甚至不同旅游开发产品的要求，以及能否产生引领作用还需深入分析与总结。

一、滨海旅游业资源开发基本理论

（一）区位理论

区位理论是一种学说，和人类活动的空间划分及其在空间中的关系有关，一般被称作区位论。"区位"通常指的是地理位置，是让产业或企业开展经营活动的地方。将客体导向一定区位的作用力是影响甚至决定人类的空间位置与组合关系的要素，这些要素包含自然要素、经济技术要素和社会政治要素等。客体的最终区位取决于区位要素作用力彼此作用、彼此消长而形成的"合力"。评判区位优势或劣势的依据是"合力"所形成的综合效果。

旅游区位是一个宽泛的概念，包含4种区位，分别是客源区位、资源区位、交通区位和认知区位。客源区位指的是从客源地断面来看待周围几个旅游地景区、景点的吸引力及可达性。资源区位指的是从旅游区断面来看待旅游资源及景点对周围客源市场的吸引力及相对价值。交通区位指的是可达程度，也就是客源地到旅游地的空间距离。认知区位指的是客源地游客对旅游区景物的观赏心理与认同感。在旅游开发进程中，引导旅游开发者明晰旅游开发的优劣势，规划开发出与实际情况相符合的旅游产品是区位理论的任务。

（二）系统理论

系统的本义指的是事物中共同部分与每个事物需要占据的位置，即整体是由部分构成的，这一词语源自古希腊语。

每一个学者对旅游系统囊括的范围有不一样的理解、不完全相同的观点，甚至没有清晰统一的概念，国内外很多学者分别从不同视角提出过与旅游系统有关的概念，包括国内学者张亚林、杨振之、吴必虎、李悦铮和国外学者科特利亚洛夫、普列奥希拉曾斯基、科列沃斯夫和皮罗日尼科夫等。很多学者对旅游系统的定义都是从两方面进行的，包括构成要素和功能，这些系统主要包括旅游地域系统、地域游憩系统和旅游资源系统。吴必虎等学者认为："旅游活动实际上是一个系统，即旅游系统，它包括游憩活动谱上的所有活动类型。"[1] 其包括的范围比旅游地域系统、地域游憩系统和旅游资源系统更大。

（三）海洋科学理论

海洋科学是一门知识体系，与海洋开发与应用相关，用于研究地球上海洋的自然现象、性质与变化规律。对占地球表面积约为71%的海洋和海洋资

---

[1] 党宁，吴必虎，俞沁慧.1970—2015年上海环城游憩带时空演变与动力机制研究[J].旅游学刊，2017，32（11）：14.

源开发、应用与关于海洋军事活动所急需的应用研究是海洋学科的研究内容。海洋包含海洋中的水与溶解或悬浮在海水中的物质,还有海洋中的生物;也有海洋底边界——海洋沉积和海底岩石圈,以及海洋侧边界——河口、海岸带;还有海洋的上边界——海面上的大气边界层等。海洋科学的研究内容有两个方面,分别是海水的运动规律和海洋的基本理论,包括物理、化学、生物、地质过程及其相互作用。

海洋科学理论对旅游开发的引领意义包括下面三点:海洋科学理论为滨海旅游开发夯实了基础;海洋科学理论的运用提高了滨海旅游学科的文化品位;海洋生态学为滨海旅游开发的环境保护提供了全方位的指导。

(四)可持续发展理论

旅游可持续发展的本质是让旅游与自然、文化与人类的生存环境构成一个协调的整体,实现三大效益的有机统一,即经济效益、社会效益和生态效益。在保持当代旅游者与旅游地居民目前的各类要求相符的同时,维持与促进将来发展的机会也是对旅游可持续发展的理解。

作为旅游可持续发展的条件,旅游资源的可持续应用与人们自身需求的可持续性相符合。因此旅游可持续发展包括如下含义:首先是与本地社区居民实现经济增收的基本要求相符,也就是满足要求,提升居民生活水平,与此同时,与旅游者持续提高的旅游需求相符;其次是环境的限制,在旅游业中,作为旅游环境系统自身具备的自我调节功能的衡量,旅游环境承载力决定了旅游资源无法持续不断地满足人类目前与未来的需求,而旅游开发与环境协调被视作可持续发展的最重要条件;最后是公平性,旅游需求的满足必须以旅游区环境的可持续发展为前提,注重当代人与各代人间平等配置有限的旅游资源,当代人对旅游的需求不能以损害后代平等应用旅游资源的权利为前提。

二、滨海旅游业资源开发模式分类

(一)以开发经营主体分类

由于开发经营主体的不同,开发模式也不同。根据文献资料的搜集与分析，滨海旅游业资源开发模式受到利益相关者之间博弈关系的影响。滨海旅游业资源开发模式经历了3个阶段，即政府主导模式、国有资本控股模式及民营资本经营模式，如表2-2-1所示。旅游开发的模式很大因素取决于核心利益相关者、蛰伏利益相关者以及边缘利益相关者之间的相互关系。利益相关者之间的博弈关系可以不断变化，三者之间力量的大小取决于控制权的归属，而控制权最终也展现在相应的旅游开发模式上。在滨海生态旅游的开发模式中，必须在开发初期就理顺经营管理过程中政府、市场和社区民众的利益关系，管理经营模式为政府主导与社区参与并存。

此种分类方法对开放市场下部分区域滨海旅游开发投资具有重要的指导意义，因为此方法既可以从主体视角展现滨海旅游开发各主体间的相互作用，又能体现政府与地方在滨海旅游开发中的引导作用与政策导向。

表2-2-1　以开发经营主体分类的滨海旅游业资源开发模式

滨海旅游业资源开发模式	操作内容	区域特点
政府主导模式	政府运用掌握的旅游规划审批权力对旅游开发进行宏观管理，开发资金的投入主要依赖地方财政，但是对公共设施的投入引入相关的市场机制，对游客收取费用，对具体的旅游开发项目不进行具体干预，主要通过行政审批来调控	福建省较早的滨海旅游开发都属于这种模式
国有资本控股模式	政府成立相应的旅游开发项目公司，相关资产以政府财政划拨的形式注入项目公司或者以资产作价形式出资，资产所有者拥有项目公司相应的股权，项目公司以政府组织注入的资产为抵押，向银行借款，获得的资金用于旅游项目的开发，旅游开发所获得的收益用于偿还银行借款	马尔代夫在海岛旅游开发上积极推行"四个一"模式，珠海借鉴"马尔代夫模式"经验
民营资本经营模式	地方政府将管辖范围内的旅游景点资源性资产开发出来后，通过出让旅游开发经营权的方式，吸引投资商介入旅游开发，由投资商根据自身优势，结合市场需要对外融资，继续旅游开发进程，政府只在行业宏观层面上对投资商、开发商进行管理	杭州宋城集团、横店集团、香港中运集团、万向集团

（二）以产品形式分类

滨海旅游业资源开发模式因其开发产品形式不同可以分为多种类型。韩卢敏在其硕士论文中阐述了福建省4种滨海旅游产品开发模式，分别为：滨海城市旅游、滨海生态旅游、滨海文化旅游、滨海风情旅游。李建丽分析了北海大冠沙发展滨海生态休闲旅游的优势，提出北海大冠沙发展滨海生态休闲旅游的模式和管理对策，为北海大冠沙滨海生态旅游的开发管理提供参考。范恒君以广西北部湾为例，基于RMP分析方法，提出改进后的RMPP模式，对广西滨海旅游业资源（R性）、市场（M性）、产品（P性）、保护（P性）4个方面的关系进行分析，探讨了滨海生态旅游可持续开发模式。栾贻伟在研究中阐述了围绕三亚城市国际名片"永远的热带度假天堂"、国内名片"美丽三亚浪漫天涯"，以"度假3S（阳光sun、大海sea、沙滩sand）""感受3C（文化culture、创造creation、城市city）""品味3F（享乐fun、家庭family、食物food）"为主打，构建海洋休闲度假旅游、康体养生度假旅游、时尚与商务旅游、文化旅游等多元化的旅游产品系列。结合各家观点，可将滨海旅游业资源开发模式分为观光旅游、休闲度假旅游、康体旅游、商务会议旅游、文化体验旅游和生态旅游，如表2-2-2所示。

表2-2-2 以产品形式分类的滨海旅游业资源开发模式

滨海旅游业资源开发模式	开发内容	特点
观光旅游	本身的风貌以及周边海域的风光	环境与资源的脆弱性、大众性
休闲度假旅游	以海滨及相关旅游资源为依托的载体，以消磨时光、娱乐休闲和交际会友为主要目的，在具有良好自然风光和气候条件的海滨地区进行的一系列旅游活动的开发	经济效益高、充分发挥旅游设施的综合性作用
康体旅游	环境打造，打造不同的康体养生基地，增加医疗配置，增加康体、健身、美容项目，吸引国际顶级知名医疗旅游机构	集休闲、娱乐、疗养、健身于一体

续表

滨海旅游业资源开发模式	开发内容	特点
商务会议旅游	打造不同规模、不同特色、系统性的会展会议中心，提供先进、专业的硬件设施	收入丰厚、高端、发展前景良好
文化体验旅游	在本地自然优势的基础上挖掘文化内涵，设置体现文化内涵的、完善的基础设施	具有教化、培育功能，参与性高，体现性强，满意度高
生态旅游	将自然和人文环境的保护作为前提，限制旅游业发展规模，尽可能保护和维护自然生态系统的完整性	创新性、结合性、可持续性较高

实际上，尽管滨海旅游中能够开发的产品形式种类很多，不过可开发空间却不大，在滨海旅游业资源开发模式的讨论过程中，一般也需要全面考虑滨海旅游资源保护与可持续发展等内容。所以，当前研究中需要重点解决的问题主要包括三个：一是怎样在有限的区域内开发更符合要求的产品；二是怎样在开发产品的同时充分对滨海旅游业资源实施保护；三是怎样在保护与开发的基础上考虑未来危机以实现可持续性发展。

（三）以聚落空间分类

从国际经验来看，零零散散、小打小闹、分散型的开发，这样的滨海度假区模式基本上是不成功的。区域协作、重视联合、广域开拓被视作开发滨海旅游业资源的一个有效措施。为更好地推广旅游，应制定以顾客为核心的市场营销理念。为开展整体营销、一同推进旅游业区域性发展，应召集不同旅游景区（点）联合拓展旅游市场。应突破行政区划范围，最大程度凸显资源集约利用的准则，根据统一规划建设，让旅游资源空间布局与产品结构更加合理，和周边地区旅游产品形成差异与互补，开拓市场发展空间。学者张龙在研究中提议河北省相关部门需要做好秦皇岛、唐山、沧州等地的旅行社、旅游饭店的协作与联合，以环渤海的有利区域为基础，为推进区域间的行业合作与共同发展，最大程度拓展旅游市场。乔敬图在研究中指出，以滨海旅游为中心，加强京、津、鲁、辽等环渤海经济圈旅游资源跨行政区划的区域联合与协作，走大联合、大开发、大市场的路子，整合优势资源，展现整体效益，形成各具特色、布局科学、现代化、国际化的旅游经济带。苗小倩的研究指出，天津以"一带五区"的建设为依托，打造"近代中国看天津""时尚休闲在天津"的城市旅游产品品牌。范恒君在研究中阐述了在以北部湾地区旅游资源开发为核心的基础上，积极地构建"两圈"（环北部湾旅游圈、泛北部湾旅游圈）、"三极"（广西北部湾经济区、海南国际旅游岛、越南北部湾沿海经济圈）和"五轴"共同组成的"泛北部湾"旅游体系，加强区域间协作，如表2-2-3所示。

表2-2-3 以聚落空间分类的滨海旅游业资源开发模式

滨海旅游业资源开发模式	开发内容	特点
以大中城市为依托	环都市旅游观光带	天津市打造"一带五区"的旅游资源整体开发格局，三亚打造建成"一港二地"的国际性滨海旅游城市
以沿海经济带为依托	资源优势互补，组合优势，地域优势，客源共享	河北省滨海旅游"三点一线"的发展模式，实现秦皇岛、唐山、沧州这三个地区的区域联合与区域合作
以品牌旅游为依托	优化旅游经济体，"借船出海"，整合效应	北部湾未来要通过构建"一核、两圈、三极、五轴"的旅游格局，联手打造出一个美丽的跨国大旅游圈

（四）以典型案例分类

对于滨海旅游业资源开发模式的选择，各地区选择适用于自身的开发模式，这是由地区发展不同导致的。国内外的旅游开发模式各具特点，区域旅游资源的不同是根本的原因，但是不同地区应用与自身条件相符的旅游开发模式是发展取得成功的共通点。此类方法以典型成功案例为核心，根据成功要点划分，值得借鉴，不过在借鉴的过程中应考虑适用性，因为这些成功区域具备自身不同于一般的特征，如表2-2-4所示。

表 2-2-4　以典型案例分类的滨海旅游业资源开发模式

滨海旅游业资源开发模式	地区	开发内容
地中海小镇	波西塔诺	滨海古城格局，保持原有建筑的整体风貌，保留并利用地方特色产品，开展特色生态旅游商业
陆海联动	深圳	梳理东部滨海资源，旅游城镇化实现跨越式发展；探索陆海联动机制，保护滨海旅游资源，引入前沿理念，创新滨海度假方式；引入高端旅游资本，创新滨海度假模式，树立顶级国际滨海度假胜地形象
以大中城市为依托	三亚	《海南省三亚市旅游发展总体规划（修编）》中明确了三亚滨海旅游的总体定位：通过全面推进三亚现代旅游业国际化，加快三亚旅游由国内一流向亚洲一流、由亚洲一流向国际一流的转型步伐，最终建成"一港二地"的国际性滨海旅游城市
区域协作	河北省	围绕滨海旅游，强化京、津、鲁、辽等环渤海经济圈旅游资源跨行政区划的区域联合与协作，走大联合、大开发、大市场的路子，整合优势资源，发挥整体效益，形成各具特色、布局合理、现代化、国际化的旅游经济带

以保护为基础的开发模式才算是适合长久运营的开发模式。与创造性旅游产物不同，在开发的过程中，滨海区本身具有两个特性，即文化属性和生态脆弱性，要想经久不衰，就必须大力保护。所以，需要以保护模式为前提进行滨海旅游业资源开发模式研究。

总体来说，滨海旅游开发模式种类繁多，在旅游开发初始阶段通常借鉴一些成功案例作为个人发展的指导，但为实现良性的可持续发展，在开发进程中就一定要融合本地特色与自身开发条件，在有效开发的同时做好保护。在将来滨海旅游开发研究中可以更多注重全面开发过程的模式研究，同时在滨海旅游开发实践过程中，为推进沿海区域这一特殊旅游资源获得更好发展，形成配套相对完备的开发体系。

第三节 滨海旅游业资源开发路径

海洋资源相对我国其他资源来说，开发利用强度过大，资源储量有限，应通过建立岸线保护红线制度，实施滨海地区陆岛经济联动发展，加强资源统筹协调，突出区域特色等措施，提高海洋资源的保护力度，实现海洋资源的可持续开发利用。

一、建立自然岸线红线制度，严格控制岸线开发利用

近年来，农业、渔业和盐业等传统行业占用岸线规模庞大，跨越式的港口发展导致了海岸线资源的浪费，热度不减的填海造地以及向沿海聚集的重化工业也进一步导致自然岸线的缩减。在我国的资源保护制度中，以红线制度最为严格，红线制度给资源总量设定了不可逾越的保护线，通过设定自然岸线保护红线总量指标，能够有效遏制对自然岸线的过度开发和低水平利用，要像18亿亩（1亩约为667平方米）土地红线那样作为一项长期而非阶段性的红线，严格控制占用岸线的开发利用活动，做到严防死守。同时，应采取改变占海岸线规模大的农业、渔业、盐业等传统产业的生产方式，规范填海规模和时序，提高现有港口的岸线利用效率等方法，高效利用滨海区域已开发的人工岸线，并且对具有重要生态功能和观赏价值的人工岸线，综合利用物理、化学、生物手段，恢复其原有的地貌特征、生物种群、水文特征以及自然景观。

二、发挥海岛资源特色优势，推进陆岛经济联动发展

坚持陆岛联动，统筹陆岛发展，加强陆岛交通、能源、社会事业等的统筹规划，将滨海旅游业开发利用纳入区域发展总体规划中，发挥海岛特色优势，以旅游、渔业、清洁能源发展为重点，着重发展海岛特色产业，以陆地

拓展为海岛发展提供基础和腹地，以海岛开发为陆地经济发展提供新的空间，发挥陆地对海岛的支撑作用。同时在海岛开发过程中要始终坚持制定科学合理的规划，树立"先保护后开发"的理念；要坚持制定完善的法规和制度，完善海岛开发、建设和经营的各项法规和制度，并应尽可能翔实、具体，提高可操作性，使开发经营和管理监督有章可循，有法可依；要坚持实行最严格的生态环境保护，确保滨海旅游业资源的生态不会因为过度开发而受到损害、不会破坏原有的地貌特征；要坚持实行相对宽松的政策，海岛开发应参照海南、厦门开发、利用、保护海岛的先进经验，在政策方面争取给予更大的自由度，鼓励外商以及民间资本共同参与海岛开发建设。此外，还要加强区域合作，突破制度障碍，发挥区域整体优势，推进海岛的保护与开发。

三、完善滨海湿地管理机制，防止湿地生态系统退化

为保护滨海湿地环境，防止滨海湿地退化，需要应用如下策略：优化制度体制、协调发展管理体系、建立自然保护区、建设生态补偿机制等。根据法律法规，为让渤海区湿地保护与管理工作具有系统化、规范化、科学化的特点，应明晰管理目标，明确产权关系，制定保护与利用规范，调整目前的湿地管理体制，增强管理力度。自然保护区的构建可以有效避免滨海湿地因经济发展而受损。在目前滨海湿地资源受到威胁与破坏，湿地管理体制、湿地法规仍需完善的条件下，开展保护的有效措施与方式是建设自然保护区，包括具有特殊生物多样性和珍稀濒危物种的典型滨海湿地生态系统、典型滨海自然景观和自然历史遗迹区。同时，在滨海湿地开发过程中，需要建设拥有同等功能的等量滨海湿地作为补偿，应尽可能地避免因对滨海湿地开发而改变其结构与功能的可能性；倘若不能如此，应正确评价湿地的生态价值，然后以此为根据，征收生态补偿费。

四、加强区域间的资源统筹，突出区域旅游资源特色

滨海地区海洋旅游资源丰富，应重点开发建设，做大做强海洋旅游业。基于打造滨海地区海洋旅游品牌的考虑，建议率先发展"中国优秀旅游城市"

的海洋旅游，可考虑结合各城市优势开发多元化的海洋旅游产品，充分利用现有资源。例如，开发趣味体验型旅游产品，具体娱乐活动包括帆板、跳伞、海上摩托、沙滩排球、节庆狂欢等；开发海底潜水、荒岛生存训练、军事极限活动等刺激挑战性强的旅游产品；从休闲保健、医疗角度考虑，开发体育健身型旅游产品；以民俗文化、宗教文化为基础开展宗教旅游、工业旅游、生态旅游等以探索讨论为主题的旅游产品。同时加强其他高端产品的开发，进行海上旅游资源和陆地旅游资源的整合，突出区域特色。在此基础上，加强区域合作，整体营销滨海地区海洋旅游产品。

第四节　滨海旅游业资源管理方式探索

一、坚持滨海旅游业资源的可持续发展

（一）树立可持续发展的滨海旅游业资源开发理念

在开发和建设滨海旅游业的过程中，我们应该将可持续发展的相关理论作为基本的指导，将经济效益、社会效益和生态效益的实现统一起来，妥善处理好旅游业和其他产业之间的关系，并将长远的利益和当前的利益统一在一起，实现局部和总体的协调发展，从而完善多个主体和经营者之间的良好关系，防止出现因规划失误而造成的高污染、高噪声、高密度问题。将滨海旅游作为巨大的产业系统，利用滨海区域条件、城市环境等资源，在吃、住、行、游、购、娱等旅游六大产业要素协调发展的基础上，综合考虑餐饮、住宿、商贸、交通、通信以及制造业、农业等相关行业与旅游产业的关系，继而实现滨海旅游业的规模化发展，提高滨海区域旅游整体竞争力。我们应该重视政府的宏观指导作用，建立健全旅游管理的相关机制，政府应该将评估和论证工作的权力分配给科学的研究机构，从而构建起一个科学、合理的旅游环境影响评估体系，尽量避免对资源的浪费，并做好对资源的开发工作。

（二）构建滨海旅游业可持续发展的资源管理体系

为了兼顾经济效益、社会效益和生态效益，应使滨海旅游的开发与生态环境的保护同步进行，在开发的同时要做好环境影响评估，建立信息反馈机制，及时修改和调整开发方案。应该结合计算机网络等多样的手段，做好对滨海旅游发展环境的监督和反馈工作，构建起三位一体的管理体系，具体为环境基础—资源开发—技术管理，并在实践中发现问题，采取相应的措施，重新评估过去已经受到破坏，但是恢复良好的资源，评估工作结束之后，可以重新进行开发。

（三）加强滨海旅游环境的资源分区管理

对于某一特定滨海旅游景区，应进行分区管理，提高开发管理的可操作性。可将滨海旅游景区划分为特别保护区、娱乐游憩区和一般管制区，其中特别保护区必须严格限制开发行为，游客不能随便进入；在游憩区，可以建设一定规模的娱乐设施，并在标准要求下利用好相应的资源；一般管制区内的土地应该是不变的。游客在活动的过程中，只能进入一般管制区、游憩区。在日常工作中，应该对不同区域进行规范化的管理，安排专人进行监督和管理活动，保证相关的要求能够得到落实，保护效果能够得以体现。同时，可根据滨海旅游景区的环境状况，进行分级管理。通过对主要滨海旅游景区的环境调查，按照环境质量状况等级，可划分为旅游环境治理区、旅游环境保护区和旅游环境示范区。将已经受到严重污染的区域划分为治理区，暂停使用并进行污染治理，待重新整治后符合相应的质量标准，才可向游客开放；易受污染的热点旅游景区可划分为保护区，并制定相应的法规和环境质量标准，以确保区内环境不受或少受侵害。根据以上的分区管理方案，提出具有针对性的开发标准和保护要求，以便有效地保护滨海旅游环境，促进滨海旅游的可持续发展。

（四）强调滨海旅游环境的综合整治和治理

为了让遭到破坏的自然景观恢复本来的面貌，保证滨海旅游景区的和谐性，我们应拆除那些对滨海生态旅游环境产生负面影响的人工建筑，不仅要拆除对环境有破坏作用的建筑，还应该在拆除的基础上，提升工程的实际质量效果，具体的改善工作应该包括适度构造水下人工鱼礁群、净化海水、营造滨海森林、植树造林、控制污染程度、改善大气状态等。同时，滨海地区的旅游活动位于海岸带的边缘地带，海洋水动力对海岸工程的影响较大，特别是灾害性海浪、海啸和风暴潮等海洋灾害会给滨海旅游开发工程带来严重破坏，因此，应加大观赏性与防护性相结合的护岸建设，并注重护岸的养护和维修。应该注意的是，沿海地区自然地质环境的复杂性、岸段功能的复合性，使滨海旅游业资源开发对旅游用地的质量和结构具有较高的要求，所以滨海旅游开发要加强对滨海岸段旅游工程选址、地质地貌结构和可行性分析的研究。

此外，还应加强滨海旅游综合服务体系建设。完善与旅游业配套的交通、安全保障、环境卫生、供水供电、医疗通信等基础设施建设，如优化饭店结构，满足不同层次游客需求；加快饭店、娱乐等服务设施的配套建设，提高综合接待能力；完善自然景观、文化遗产保护设施建设以及旅游电子商务和旅游信息化建设。

二、合理开发利用滨海旅游业资源

（一）制定和完善滨海旅游业资源规划和发展战略

当地资源的切实情况应该是我们制定滨海旅游业发展规划的前提，我们应该将滨海地区的资源优势和社会经济的基础条件结合在一起，对旅游资源进行合理的开发，防止出现生态环境破坏的问题，造成建设资源的浪费，并做好对环境问题的指导工作，包括沙滩维护、海岸线侵蚀、污水排放等工作。要打破行政区划界限的束缚，树立区域开放和协作意识，加强政府的宏观调控和协作，坚持全面规划、合理布局、突出主题、兼顾一般的原则，在对滨海旅游业资源进行全面调查和综合评价的基础上，根据滨海旅游发展趋势和市场需求，制定统一的滨海旅游发展规划，通过统一规划建设，使滨海旅游业资源空间布局和产品结构更趋合理。各省、自治区、直辖市也应根据自身情况，制定和完善符合本地自身特点的滨海旅游规划，并与全国滨海旅游规划相衔接。同时，滨海旅游业规划要与其他产业规划、区域发展规划相一致，避免滨海旅游功能与其他产业功能相冲突，符合区域发展趋势。

（二）对滨海旅游业资源进行系统综合开发

1. 实行地域差异化开发战略

突出产品特色，避免与区外同类资源开发主题和功能定位雷同，增强地区竞争优势。各沿海省、自治区、直辖市要通过产品创新、线路创新，确定自身的旅游品牌，突出自身优势。以经济发达城市为依托，利用上海、广州、深圳等大城市的经济基础和国际都市的氛围，建设滨海度假中心，开发海上观光娱乐晚会、航海俱乐部及度假村等多种形式的旅游产品，发展滨海度假、商务会展、休闲观光旅游；以滨海自然景观为依托，重点开发海岸线独特景观、自然景区众多的滨海岸段，对滨海地区国家级森林公园、自然保护区等进行适度开发和品牌营销。

2. 整合优势项目

我们应该积极结合基础条件和滨海资源的各种优势，构建起综合性特征较为突出的旅游产品体系，努力开发旅游产品，从而让当前的旅游需要从过去的大众化转变为个性化、多样化特征较为突出的产业。我们可以开发出一个潜力巨大的海上旅游产品，并积极地开展娱乐、游览、运动等综合性的项目，我们应该在海底开发水下观光、沉船、水下探险、迷宫等各种活动类型，营造地区的品牌知名度，并解决旺季游客分流问题，减轻沿海陆域的环境压力。考虑到滨海旅游的季节性特点，为缩小滨海旅游淡旺季差距，需构建多层次的旅游产品体系。

3. 深层次开发

实行深层次、内涵式开发，深度挖掘文化底蕴，突破传统产品的功能单一性，满足不同游客的需求，增强游客的体验感。同时，以市场为导向对产品结构进行优化调整，提高产品质量和科技含量，实现滨海旅游产品的高科技化、高品位化和高质量化。此外，还需对旅游产品进行促销宣传，以扩大滨海地区的旅游知名度和影响力。大力加强滨海旅游与相关海洋产业间的融合与集成发展。我们应该将渔业相关的资源和设备利用起来，包括场地、产品、空间等内容，持续发展不同类型、规模、层次的休闲渔业活动，并在这些活动中寻找相关的重点内容，将旅游休闲和现代渔业等结合起来，努力扩展渔业的未来空间，并将发展的重点转移到海洋特别保护区建设、人工渔礁建设的内容上，做好恢复和保护的工作，从而实现较好的经济效益和生态效益。我们应该从滨海岸段的空间出发，开发出具有多重体验效果的旅游产品，实现游艇业、大型游览船、帆船、海上运动和滨海旅游业的融合，大力调整滨海旅游产业结构体系，优化旅游产品结构。

（三）合理确定区域滨海旅游业资源开发模式

滨海旅游业资源和环境具有地域差异性，因而对滨海地区沿岸及周围海域进行合理的功能规划是资源合理配置和分区管理的关键。依据海洋资源环境容量、生态承载能力及开发潜力，统筹考虑海洋生态功能与旅游经济发展的空间协调和功能优化，划分旅游优化、重点、引导和适度开发功能区，对不同功能区确定不同的滨海旅游环境质量标准，对不同空间内的旅游功能进行恰当的整合，从而制定符合自身特点的滨海旅游发展模式，并积极开展和自身能力相符合的旅游活动，采取相应的措施做好分区管理的工作，以免对旅游环境造成破坏，将生态环境和海域资源的共生放在首要地位。"优化开发"功能区主要包括上海、青岛等发达的旅游城市，以功能协调为主导，采用市场主导型旅游资源开发模式，并努力推进滨海旅游与城市生态协调耦合；"重点开发"功能区包括海口、舟山等资源型旅游城市，以功能扩张为导向，积极发挥旅游节点连带作用，坚持对旅游资源进行全方位保护，采取市场主导和资源主导相结合的旅游资源开发模式；"引导开发"功能区包括莆田、葫芦岛等欠发达旅游城市，以生态维护为原则，要考虑到一些地区的环境承受能力，控制好旅游活动的强度，保证在合理的承载范围之内，采取政府主导和资源主导开发模式；国家地质公园、国家森林公园、国家水利风景名胜区、湿地公园、海洋自然保护区等"适度开发"功能区以自然涵养为任务，将"生态旅游"作为发展的重要方向，并将这一目标建立在旅游资源的可持续发展层面，合理规划旅游基础设施建设和接待游客数量，要做好开发建设和充分保护的协调统一，着重突出滨海休闲、观光旅游的相应功能。

三、加快区域滨海旅游业资源协作发展

（一）完善区域资源互补与共享机制

由于自然地理条件的地域差异，我国沿海地区环渤海、长三角和泛珠三角旅游区域资源禀赋不尽相同，同时受区域经济发展水平、旅游开发基础的影响，区域旅游基础设施的完善程度也有很大差异。旅游经济相对发达的上海、江苏、广东等地区基础设施相对较完备，旅游经济欠发达的广西、河北等地区则相对不足。为了将沿海地区旅游的发展维持在一个稳定的程度，需要努力提升我国沿海地区的旅游经济发展水平，从而实现区域公共资源的互补。我们不仅要对三大旅游区域的基础资源进行优化，还应该积极结合开发和管理的作用，将不同区域中共同资源的效益发挥出来。以促进区域旅游发展为出发点，寻求各区域内旅游基础设施和公共基础设施建设的协调机制，改善旅游发展的大环境。进一步完善市场机制，构建沿海地区旅游市场一体化的管理体制，实现基础设施资源共享，人才、资金、信息等要素在三大区域内和三大区域之间能自由合理流动。此外，通过制订统一的旅游市场营销计划，联合促销，努力开拓海外旅游市场，并使沿海各城市、各区域互为市场、互为腹地、互送客源，互相宣传推介，形成我国滨海旅游开发的统一市场。

（二）加大滨海旅游业资源开发的整合力度

滨海地区旅游开发要依赖区域与区域之间、城市与城市之间、企业与企业之间的共同合作，因而，开展不同空间层次上的整合旅游开发尤为必要。

第一，应该做好不同区域内部的产业链条建设工作，着重提升旅游产品的市场竞争力，使旅游资源的建设能够突破行政区划的范围，并实现跨区域的旅游资源整合。在一些建设水平高，而且具有特色的区域内，我们应该注重"捆绑式"集约开发的工作，并努力实现区域的整体提升，使不同旅游目的地能够突出自己的特色，并有效提升旅游的吸引力。

第二，应该做好对旅游线路的整合工作，创造出旅游的精品品牌。为了建立层次丰富的区域旅游合作领导机构，我们应该做好旅游线路的衔接工作，并开展"无障碍旅游区"的相关建设，努力为游客提供无缝隙服务，而且我们要积极推进"旅行社无障碍旅游"的相关工作，旅行社的运作模式应该从过去的"游客—组团社—地接社—旅游目的地"模式，积极转变为"游客—组团社—旅游目的地"和"游客—旅游目的地"。另外，要注重对品牌的整合工作。我们应该将旅游资源建设和旅游地域独特性建设结合在一起，并挖掘旅游产品的特色，明确相应的个性形象和市场影响力，树立影响力广泛的旅游形象，从而打造一个具有独特魅力的旅游品牌，积极提升滨海旅游在世界范围内的影响力，同时让旅游产品面向全世界，在我国区域合作的战略之上，创新环渤海、长三角和泛珠三角地区不同的旅游形象。

（三）建立有效的组织平台进行统筹管理

应该成立专门的研究小组，积极召开相关会议，建立相应的对话机制，积极协商并解决城市中出现的问题，并在协调沿海地区重大旅游开发项目的建设、协调解决各方利益关系等方面达成一致意见。此外，可设立旅游行业协会，如"沿海地区旅游饭店协会""沿海地区导游协会"等，促进沿海地区跨城市、跨行业的联合，制定统一的行业条例和准则，共享信息，协调区域内本行业相关企业的发展。

（四）构建滨海区域旅游业资源信息系统

建立区域旅游信息中心，通过数据库共享，加强旅游信息沟通，促进沿海地区三大旅游区域之间、各城市之间旅游的通畅与便利。构建起一个规模较大的旅游地理信息系统，使用网络信息平台将所有和旅游业相关的部门连接在一起，从而构建畅通的信息连通机制；将沿海地区各城市的道路、交通、景点、住宿、餐饮等情况纳入信息系统，建立旅游信息咨询和预订系统，为游客提供旅游查询等多种功能服务，合理安排旅游行程。同时，及时更新旅游信息，使游客对滨海城市、景区等各方面的情况有一个动态的了解，保证滨海地区各城市间旅游的便利性。

四、加强滨海旅游业资源开发管理的制度创新

（一）推动旅游部门与相关部门的联合协作

旅游业涉及部门多、辐射面广。滨海岸段的开发功能具有较大的空间复合性，有些岸段在具有养殖功能、港口航运功能、临港工业功能和生态保护功能的同时，也具有旅游开发功能。应该积极实现旅游部门和不同部门之间的协作，因为不同部门的优势技术是不同的，所以应该积极发挥其他部门的优势，促进旅游管理部门工作成效的提升，比如可以联合开发一个具有特色的旅游产品，并组织对此产品的营销和宣传。应该成立一个专门的滨海旅游管理委员会，这个委员会的工作就是负责研究和组织，将多个部门的职能集合到委员会中，克服协调过程中出现的问题。我们可以将国家和政府认证的优胜风景区列入管委会的工作职能之中，调整旅游资源的配置情况。在管委会中设立办公室，做好协调工作，并积极规划旅游资源的保护工作，塑造正面的旅游形象，比如提升宣传的力度，并为旅游业的发展出谋献策，办公室应该在管委会中起到核心的作用，从而达到行政管理意识和行业管理意识的统一。

（二）搭建旅游业资源开发的综合投融资平台

我们应该积极研究不同类型的资金筹集和运转的方式，比如市场运作与招商引资、社区自主开发、政企合作、政府全资等，将良好的旅游资源和相应的开发资金对接在一起，在开发的过程中重视资本市场的作用，从社会各界引入不同类型的资金，为滨海旅游开发项目的建设奠定经济基础。应该根据不同类型的滨海旅游开发项目，使用不同类型的投融资方式。

（三）建立政府宏观调控与资源市场配置的协调机制

政府在我国旅游资源开发中始终发挥着重要作用，滨海旅游产业发展仍需政府对其进行宏观调控，以达到区域内公共产品的优化配置。我们应该构建区域性的旅游集团，实行政企分开，并从市场经济的要求出发，建立不同类型的非官方团体，帮助政府做好市场秩序的完善工作，推动旅游业的可持

续发展。合理利用政府调控手段和市场手段，对于长期旅游开发项目，采用政府宏观调控为主，市场为辅的机制；对于短期旅游开发项目，则由企业等市场主体开发，政府只是进行立项审批、投资补贴，以促进滨海旅游开发主体成长。

（四）完善滨海旅游业资源开发的法律法规

为实现滨海旅游业资源的可持续利用，必须从长远出发，通过加强滨海旅游开发立法来支撑我国滨海旅游发展战略。首先，应加快滨海旅游开发的立法工作，运用法律强制性手段，约束旅游经营者、旅游投资商及旅游者的行为。充分借鉴国内外滨海旅游地的先进经验，对滨海旅游发展过程中涉及的重要内容予以规范化、程序化、标准化和法治化，促进我国滨海旅游的开发管理。另外，应该尽快出台相应的"滨海旅游管理条例"，此管理条例的内容应该包括对滨海旅游区的保护和质量标准衡量、对沿海旅游区开发和建设项目的审批、旅游设施建设主体需要的行为规范和标准、违反规定的处罚办法，我们要让此条例发挥实际的法律效力。其次，我们应该积极完善滨海旅游法制体系，对地方性的旅游法规进行落实，加强对旅游执法监督和市场监督的开展力度，规范旅游主体的相应行为，不同层级的海洋经济管理部门和行政管理部门应该按照统一的标准开展工作，做好日常工作的分级管理。另外，还应该做好安全管理的基础工作，构建旅游公共信息服务机制和公共安全事件处理机制，完善旅游安全体系，提升反应能力和对风险的抵御能力。

（五）加强滨海旅游业资源管理人才的培养

为了提升滨海旅游产业的发展速度，滨海旅游产业应该将重点放在对旅游业资源管理人才的使用层面，促进旅游业经营水平的提升。尽管目前我国很多高校设置了旅游管理相关专业，但旅游业资源管理人才紧缺问题依然存在。滨海地区旅游业资源管理人员无法满足滨海旅游产业发展的需要，目前的主要问题是旅游企事业单位缺少知识结构全面、经验丰富的高素质旅游业资源管理人才。为此，应以滨海旅游的发展需求为出发点，优化旅游行业人才结构，建立完善的人才选拔、培养和竞争机制。如发展高等教育，培养高层次旅游业资源管理人才；发展职业教育，提高人员技术水平，有计划地培养滨海旅游中等专业应用型人才；完善各种职业培训，强化旅游从业人员上岗和在岗培训，全面提升旅游从业人员素质。我国高层次旅游业资源管理人才培养机制还有待完善。需要高层次旅游业资源管理人才从理论研究、实践探讨上给予良好的支撑。

第三章　滨海旅游业发展经验及趋势

近年来，中国的滨海旅游业取得了长足的进步，吸引了越来越多的游客。中国的很多海滨城市，如海南、厦门、青岛、大连等都成为热门旅游目的地。滨海旅游业的兴起，使当地经济快速发展，促进了当地居民的生活水平提高。中国滨海旅游业在未来的发展中具有巨大的发展潜力。同时，也需要更多的政策和资金支持，加强科技和城市规划等方面的创新，以及提高自身的品牌形象和城市软实力。这些努力将有力地推动滨海旅游业的可持续发展，促进地方的经济和社会的发展。本章为滨海旅游业发展经验及趋势，分别介绍了三个方面的内容，依次是国内滨海旅游业发展经验、国际滨海旅游业发展经验、滨海旅游业发展趋势。

第一节　国内滨海旅游业发展经验

滨海旅游开发的实践，在我国已形成新的趋势，国内一些著名的滨海城市已逐步将旅游业作为自己的支柱产业，取得了显著的成效。其中，滨海旅游是其核心的组成部分之一。

一、青岛：滨海历史文化名城

（一）基础条件及滨海旅游资源概况

1. 基础条件

青岛位于山东省，是我国东部地区的经济中心，拥有众多港口，也是国家级的历史名城和旅游胜地。

从气候条件分析，青岛非常适合度假消夏。在其他城市酷暑难熬的夏季，青岛仍凉爽宜人，是著名的避暑胜地。"青岛属华北暖温带沿海季风区，具有明显的海洋气候特征。春季气温回升缓慢，比内陆晚；夏季凉爽，多雨多雾，空气湿润；秋季凉爽但很短，空气干燥；冬季长且寒潮频繁，风大温低，但少有严寒。年平均气温12.3℃，8月平均气温最高，为25℃，1月最低，为−0.4℃，极端最高气温34.4℃，极端最低气温−16℃。"[①]

青岛在长期的历史发展过程中，融合了东西方文化，逐渐形成了独特的城市景观。地质地貌以海滨丘陵为主，是一个城内有山、城内有海的城市。山地和丘陵约占全市总面积的40%。青岛湾和汇泉湾陆域分布着众多的欧式建筑，具有浓厚的欧式风情，所以青岛也被称为"万国建筑博览会"。青岛的德国风貌建筑群风格更为独特，分布在当年的德国人居住区，保存也较为完整。青岛拥有17家海洋科研机构、有一所综合性海洋大学，是国家海洋科研、教育和科技交流中心。

---

① 鲍鹏程，黄磊. 生态财富如何促进旅游经济发展——来自中国286个城市的经验证据[J]. 中国地质大学学报：社会科学版，2023，23（2）：16.

青岛处于东北亚经济圈主要城市群的范围内，在地理位置上较为靠近日本和韩国，所以青岛和日本、韩国的经济往来较为密切，空中和海上的交通都较为便利。从国际航线上分析，青岛位于符拉迪沃斯托克至新加坡的西太平洋旅游航线中段位置，所以青岛能发展豪华邮船产业。青岛在国内环渤海经济圈和长江三角洲经济圈两大高端客源市场之间，乘飞机一小时可以抵达，乘车当日可到达。青岛空港流亭机场已开通至日本大阪、福冈，韩国首尔、大邱的航线。

2. 主要的滨海旅游资源

青岛的滨海旅游资源有沙滩、海湾、岬角、名山、温泉、海岛、渔村、古遗址、宗教建筑、近现代特色建筑、军事遗址、历史名人遗迹、度假地、观景地等基本类型。青岛不仅拥有壮丽的海滨山脉和底蕴丰富的道教文化，还拥有具有欧洲特色的建筑群和独特的城市景观。除此之外，该地区还具有东西方文化融合的深厚历史背景、先进的现代化港口和工业结构，以及众多的对外贸易和知名品牌企业，共同构成了具有多样性的滨海旅游资源。

青岛海岸线曲折悠长，沿岸岛屿多。历史上由黄河故道入海的泥沙已经被海浪淘洗成细软洁净的优质沙滩，日照、青岛、威海、烟台一线均有大量优质沙滩，青岛是胶东半岛滨海旅游资源最丰富的城市。青岛老城区有四处规模不大的海水浴场，市郊的大型沙滩浴场主要有石老人浴场、金沙滩浴场、仰口浴场和胶南浴场。同时有胶南的灵山湾、琅琊台，即墨的鳌山卫和丰城的大型滨海沙滩尚未开发。

青岛有得天独厚的海岛旅游资源。主要岛屿有田横岛、小管岛、三平岛、女岛、龙口岛、绿岛、长门岩岛、潮连岛、大福岛、大公岛、麦岛、小青岛、团岛、竹岔岛、灵山岛、斋堂岛、鸭岛等，其中10个岛上有居民常住。这些岛屿主要分布在胶州湾以外的区域，并以城市为核心，在海域面上呈现出扇形布局。值得注意的是，竹岔岛与海岸线的距离仅为3千米。从地理学的角度出发，青岛沿海的每一个岛屿都是受到地质构造活动作用形成的基岩岛屿。这些岛屿主要是由元古代的变质岩、中生代侏罗纪的砂页岩，以及白垩纪火山喷发产生的安山岩和风化物构成的。在海浪的侵蚀作用下，这些岛屿被塑造出与众不同的海蚀地貌。此外,很多岛屿上的生态环境维持得较好,原始自然生态也得到了维护和延续,岛内还有很多少见的植物和丰富的鸟类,这些动植物的观赏价值较高。受到海洋环境的作用,这些岛屿的气候非常宜人,气温在一年之内都是较为稳定的。再加上美丽的自然风光和清新的空气,这里非常适合游客来度假。一些岛屿的历史底蕴十分厚重,这为其提供了巨大的旅游开发潜力。然而,青岛的大部分海岛面积都较小,其中面积小于0.1平方千米的岛屿占了总数的71%,这些岛屿因面积受限,淡水和电力供应不足,不适合进行大规模的旅游开发。

(二)青岛滨海旅游的发展概况

1. 产业发展概况

滨海旅游一直是青岛旅游的主要内容。20世纪30年代,青岛已经成为著名的滨海旅游和避暑度假胜地。

20世纪50年代和80年代,青岛市迎来了两次建设疗养院的高潮。1984年,青岛旅游开始规模开发,崂山风景区等开始恢复对游客开放。1986年,青岛开始建设第一家中外合资酒店。但当时的旅游区域仅限于青岛老城区的栈桥、鲁迅公园、水族馆、海水浴场一线和崂山风景区,旅游内容以观光为主。游客活动范围较小,滞留时间短,旅游产业规模和收入水平都比较低。

1992年,国家批准设立了石老人国家级旅游度假区。经山东省政府批准,成立了薛家岛、琅琊台、田横岛省级旅游度假区。青岛市政府批准成立温泉旅游度假区、仰口度假区和温泉度假区。全市以度假村、海水浴场、高尔夫球场、网球场、疗养院、农家乐度假村等旅游度假设施为基础,开始形成度假旅游的产品系列。

近年来,青岛的旅游节庆活动形成了国际啤酒节和青岛海洋节两大著名品牌节庆活动。

青岛的入境旅游客源市场以韩日两国客源为主。其中,韩国客源市场的最大特征是商务旅游。近年来,商务旅游者数量迅速增加,其原因在于:一是韩国经济稳步增长;二是韩国与青岛之间距离较近,交通便捷;三是青岛具有良好的创业环境。日本旅游的特点近年来呈现出多样化，有商务旅游、度假旅游、购物旅游等，有近距离、低价格、短时间倾向。

2. 滨海旅游资源开发格局

青岛市在发展旅游业时，将滨海风光、崂山名胜、历史名城、休闲度假作为发展的主题和重点，并对城市的发展进行了统一的规划，将有特色开发、高品位旅游、高起点旅游作为基本的发展策略。

核心的开发思路是将胶州湾两翼滨海带作为发展的重点，将滨海公路作为连接的关键内容，在发展的过程中将滨海城市风貌、旅游景区、度假区作为核心，实现资源的合理分配和有效整合，构建起"一线、两翼、二十区"的旅游资源开发目标。"一线"即滨海公路，串联胶州湾两翼主要旅游景区和度假区。旅游开发由东部主城和西部辅城滨海带，向胶州湾及东西两翼延伸扩展，建设一流的滨海旅游带。"两翼"即胶州湾东西两翼滨海地区，是青岛旅游资源的富集区，可进入性和资源品位特色突出，有良好的市场前景和开发潜力，是青岛旅游开发的重点和主体。"二十区"由青岛市域范围的风景名胜区、滨海旅游区、旅游度假区、文化旅游区、生态旅游区和海岛旅游区等构成特色旅游组团，是青岛滨海区域旅游资源的主要分布区和规划的重点。

重点规划建设对全市旅游发展起关键作用的特色项目和基础项目有：

（1）奥林匹克水上运动中心

这是奥运会的海上运动项目场馆。

（2）滨海公路

自胶南琅琊台至即墨五龙河的滨海交通主干道、辅助道路网和卫星城市组团，串联胶州湾东西两翼滨海主要旅游区和度假区。

（3）中山路旅游商贸区

在开发的实际过程中，将街区的特色确定为旅游商贸，将文化特色确定为欧陆建筑风情，做好对城市历史文脉和历史风貌的保护工作，另外要保护好历史建筑物和历史街区，并建设特色化的商业铺面；将教堂广场作为商贸区的中心位置，将旅游步行街和文化市场的特色确立为古董店、工艺品、文化沙龙、画廊等。

（4）中国海军博物馆

应该对海军博物馆的发展做好综合的规划，完善博物馆的旅游功能，为博物馆增加一些参与性和互动性较强的项目，将中国海军博物馆构建成世界一流的博物馆和旅游精品。

（5）青岛极地海洋世界主题公园

建设集海洋生物展示、海洋动物表演、海洋科普、海洋娱乐、海水浴场、海滨渔村为一体的综合性强的大型综合性海洋主题公园。

（6）海滨及温泉旅游度假设施

重点发展石老人、薛家岛、琅琊台、仰口、田横岛、温泉度假区，从而使青岛的度假项目能够满足不同度假者的需求，从而将旅游度假项目提升至世界级。

（7）海上观光、运动休闲设施

建设功能完善的旅游基地和旅游码头，并在沿海地区规划相当数量的会员制游艇帆船俱乐部；开发性能较为全面的经营项目，努力发展海上体育娱乐项目。

二、大连：北方的"浪漫之都"

（一）基础条件及滨海旅游资源概况

1. 基础条件

"大连市是中国北方海滨花园式旅游城市，位于中国东北地区最南端，全市下辖7个区、1个县，代管2个县级市，总面积12 574平方千米；截至2022年末，全市户籍人口608.7万人。大连三面环海，海岸线绵长曲折达1906千米，其中岛屿岸线618千米，大陆岸线1288千米，占全国陆岸长度的7.15%，海域面积广阔，以波浪基面到40米等深线为近岸海域计算，共有海域5240平方千米。"[1]

---

[1] 王恒. 文化与旅游深度融合发展路径研究——以大连市为例[J]. 学理论, 2023（2）: 87−91.

由于大连市位于亚欧大陆东海岸的暖温带，气候类型为大陆性季风气候，但是仍具有一定的海洋性气候特点。大连市年平均气温在8~10℃之间，温度宜人，夏天没有极端的酷热天气，冬天没有极端的寒冷天气。这些气候特点形成了大连独特的都市风格和滨海风光。

近年来，大连市有规律地组织不同类型的有趣节庆活动，这些活动举办的规模都比较大，无论是在国内还是在国外均产生了不小的影响，现如今已经形成一个规模巨大，并且具有广泛影响力和辐射力的国际性大市场，组织和举办了一系列大规模的节庆活动，如大连国际服装节、大连国际马拉松等。尤其是展览行业的大连星海会展中心，每一年都会组织多场不同类型的大规模国际展览活动，非常具有代表性。大连旅游也以这些大型节庆活动为载体，掀起旅游促销高潮。

2. 大连滨海旅游资源概况

大连市有着十分优美的景色和自然风光，其中以滨海美景最为出众。在大连市区内，政府投入了大量的人力、物力和财力用于建设广场和街心花园，从而打造出一座具有现代审美韵味的独特城市。除此之外，大连区域内的南北部也存在一定的风景差异，其中南部地区拥有超过30千米的海边公路风景名胜区；北部山区不仅拥有风光优美的山水景色，还有出名的冰峪风景区。大连市的人文景观以多种多样的城市建筑以及近现代战争遗迹为核心。例如，甲午战争、日俄战争在近代历史中是不容忽视的存在，旅顺口就是这两次战争的重要遗迹。

基岩是大连海岸线的主要构成部分。大连拥有曲折的岸线、散布的岬湾、临近海洋的山丘以及裸露的基岩。由于长期受波浪的冲击和侵蚀，此地产生了十分独特、各种各样的海蚀地貌景观和景色。这些海蚀地貌具有非常重要的旅游价值。大连的海蚀地貌高度发达，形态奇特，类型丰富。例如，海蚀崖上的"虎头崖"、海蚀洞里的"老虎洞"等。

在大连市滨海旅游资源当中，滨海沙滩被人们公认为是最有特色的旅游景点和资源之一。随着旅游业的进一步发展，滨海旅游也日益受到更多人的关注，相关资源相当丰富。大连市拥有很多高质量的沙滩。近年来，随着国家对旅游业重视程度的提升,滨海旅游得到了快速发展,沿海各地利用先天优势,兴建了一大批人造旅游景点。大连非常适合建设海水浴场。这些海水浴场,沙滩平坦、沙土柔软,海滩上阳光照射很充足,无论是气候还是温度都十分宜人,空气清新,适宜居住和旅游。星海公园、老虎滩、棋盘磨是大连目前已经推出的多个海滨浴场中比较出名的,这些滨海沙滩宽广平坦,海水晶莹剔透,风光旖旎,气候宜人,具有巨大的发展前景。

大连金石滩具有得天独厚的地质资源,不仅拥有震旦纪的地质特征,还有寒武纪的沉积岩层,并且有种类繁多、价值巨大的生物化石。就某种程度来说,大连金石滩地区除了将海洋古生物研究领域最丰富的内容充分展现出来的同时,也为来此地区旅游的游客提供了观赏海底景观的宝贵机会,以及发现海洋生物多样性的绝佳场所。大连金石滩将从古生代至今的地质变迁巧妙地凝聚在这长达20千米的海岸线之中,这也正是大自然的神奇之处。这里仿佛是一座天然的博物馆,千姿百态的石海景观令人叹为观止。大连金石滩地区因为海蚀作用,形成了许多奇特的礁石。另外,大连金石滩海岸上还分布着大量古代海洋文化遗迹和地质奇观,如龟裂、三叶虫化石等,它们具有很高的历史价值。特别是龟裂,作为沉积环境地质标本,形成于6亿年前的震旦纪,是目前全球发现的规模最大的完整群体,并且它还有着十分清晰的断面结构。除了大连金石滩,比较有名的地质学旅游资源有白云山的莲花状构造,这是由我国著名地质学家李四光发现的;老铁山和蓬莱山角连线也是比较典型的代表,拥有独特的水文资源。

另外,大连因为有较长的海岸线,所以捕鱼业十分发达,是鱼、虾、海参等海产品的主要产地之一。

(二)大连滨海旅游的发展概况

1. 产业发展概况

"2022年,大连全市共接待游客110.91万人次,同比增长83.72%;实现旅游综合收入7.48亿元,同比增长54.55%。各主要景区(点)接待人数119.59万人次,同比增长74.58%;实现营业收入4024万元,同比增长119.89%。全市市县两级共举办各类文化和旅游活动近200项。有旅行社247

家（其中 21 家从事国际旅游业务）。老虎滩极地馆、现代博物馆、奥丽安娜号豪华游船、世界和平公园等一批旅游文化设施吸引了众多游客。第一产业增加值 563 亿元，同比增长 3.2%；第二产业增加值 3712.5 亿元，同比增长 4.5%；第三产业增加值 4155.4 亿元，同比增长 3.7%。"①

2. 滨海旅游资源开发格局

经过多年的开发，大连的滨海旅游资源相对成熟，建成景区景点较多，主要包括：

（1）金石滩滨海度假休闲区

这个度假区被划分为 8 个不同的部分，包括水库景观区、森林狩猎区等。目前，随着大连对金石滩滨海度假休闲区的开发，此地已成为多功能综合性旅游区，提供独家娱乐、旅游观光等服务。金石滩滨海度假休闲区未来的发展方向是通过一系列活动，不断加大促销力度的同时，通过不同的方式对度假区进行广泛宣传，使其在国际上的知名度得到较大幅度提升，以便吸引更多海外游客的目光，最终推动大黑山文化娱乐区的开发，同时促进长山群岛休闲度假区和北部城山头石林景区的进一步开发。

（2）山海胜景和军港名胜旅游景区

它是一个位于辽东半岛尖端，以旅游度假为主，集观光、娱乐于一体的综合性旅游区，具体位于旅顺口区。其中比较典型的旅游景区就是老铁山，海拔为 456 米，详细位置在辽东半岛的尽头与渤海海峡之间。游客站在山顶远眺，能够看到山东半岛上的庙宇和群岛，近观则能够看到黄海与渤海之间的明显界线，其景色既壮观又险峻。旅顺军港也是该景区比较知名的代表，位于黄金山和鸡冠山的中间，紧邻黄海岸。旅顺口作为省级历史名城之一，有着悠久的发展历史和众多珍贵的文化遗迹。老铁山的西侧渤海区域有蛇岛，全球罕见，在全球范围内有着很高的知名度。山海胜景和军港名胜旅游景区拥有众多的旅游景点，这些景点作为国家级风景名胜区，在国内外有着广泛的影响力。

---

① 于登玺. 基于 SWOT 分析的沿海地区康养旅游产业发展研究——以大连市为例 [J]. 黑龙江科学，2022，13（7）：3.

（3）位于大连南部的滨海风景名胜区域

它主要位于市区的东南海岸，整个景区的面积达 56 平方千米。沿着海岸线能够看到很多知名的景点和景区，如北大桥、鸟语林等。

（4）渤海滨海度假旅游区域

它的范围从南端的复州湾镇一直延伸至北端的浮渡河口。在此度假旅游区域，有着独特的自然景观，如海蚀岬角与海湾的堆积沙滩交错分布，海湾中坡度十分平缓，沙土柔软，海浪轻盈，为游客提供了一个高品质、高水准的海滨浴场，是人们夏日旅游避暑的理想选择。

3. 滨海旅游形象建设

大连市委和市政府在设定城市旅游长远目标的过程中，以战略地位为依据，结合自身发展的实际状况来科学、合理地制定。具体而言就是，借助不同的方式和手段将大连打造成中国旅游名城的同时，进一步朝着成为国际滨海旅游名城的方向努力。需要注意的是，在发展过程中不仅要具有独特性、国际性，还应该具有高品质、高水准、高创汇等特点。大连市想要实现这一目标，必须科学策划、精心设计以及塑造良好的城市旅游形象。大连市委和市政府在全方位调研和综合考证之后决定将大连市城市旅游的形象塑造为"浪漫之都"。

众所周知，在东北的传统工业区域当中，大连由于其特殊的地理位置、经济结构以及历史等诸多因素的影响，逐渐形成以重工业为主的产业结构，是一个以重化工为主的城市。自从 1978 年我国全面实施改革开放政策之后，城市功能和产业结构均在其影响下产生较大变化，其中城市功能进行了重新的定位，产业结构按照当时的发展情况进行了再次调整与优化，这些因素共同促进和推动了第三产业的快速发展。其中，大连市为了改变以重化工为主的城市结构，更是将城市建设、环境优化列为重中之重，采取了一系列的措施，经过多年坚持不懈的努力，在城市规划、基础设施建设、市政公用事业等多个方面均取得了不小的成就和效果。尤其是从 1993 年开始，大连市委、市政府更是严格遵循"不追求最大，只追求最好"的发展方向和城市管理观念，在合理的范围内不断提升对城市的改造力度，城市的改建工作得到进一步加强。首先是道路的积极修建，接着是围墙、小房屋的拆除，为了更好地优化城市环境，种植了大量的草和树木等，这些措施使大连变得更绿、更美。大连经过多年的努力和坚持，在城市建设方面所取得的显著成就，已经获得了国内外广泛的认可。尤其是大连荣获了联合国人居环境奖，这充分证明大连已经完成了现代化改造，并且接近国际标准。目前，随着经济全球化的不断深化，我国经济飞速发展，经济水平大幅提升的同时，人们对生活质量的要求也日益提高。

大连市在经过对广大人民群众意见的广泛征集、专家的深入分析和市委、市政府的正式批准后，确定了"浪漫之都"的城市旅游形象，并且在2003年11月正式在国家市场监督管理总局进行了注册。它的核心思想包括"六大浪漫"（大海、建筑、市民等）、"四张牌"（北方明珠、世界环境500佳等）以及"五十个最"（滨海路、旅顺等）。

三、厦门：东南沿海的港口风景城市

（一）基础条件及滨海旅游资源概况

1. 基础条件

"厦门位于福建东南部，地处东经118°04'，北纬24°26'。截至2022年，厦门市下辖6个区，总面积1700.61平方千米，常住人口530.80万人，城镇化率90.19%。厦门被人们称为侨乡，现如今居住在海外厦门籍的华侨和华人数量众多，高达82万人。"[①]

厦门市的地形主要为丘陵与带状平原。岛主要是丘陵地形，南部是万石岩和云顶岩，一直向西南方向延伸至海中，最后在鼓浪屿的龙头山重新出现，从而产生了令人惊叹的自然奇观。同安区被山海环抱，其中三面是山，如莲湖山、云顶山等，另一面则是大海，区内地势低洼、平坦，河流众多。

厦门的气候具有温和且多雨的特点，属于南亚热带季风型，夏季不会过于炎热，冬季也不会过于寒冷，温度宜人，显示出非常明显的海洋性气候属性。

---

① 吴青兰，陈民伟，耿松涛. 城市会展业经济影响评估模型与实证——以厦门市为例[J]. 统计与决策，2022（15）：39-44.

厦门的年平均降雨量在1150毫米左右，其中5月至10月雨量约为770毫米，占全年雨量的70%；2月至4月是春雨季节，梅雨季自5月上旬至6月下旬；年平均相对湿度为79%。由于受太平洋温差气流影响，厦门每年7月至9月常受热带风暴的袭击。①

从地图上我们可以发现，厦门坐落在我国东南沿海的中心地带，不管是到日本和韩国，还是到东南亚国家，飞机的航程都不超过半天。由于厦门地理位置的特殊性，它成为沟通这些地区经济贸易的一条重要国际通道。厦门港作为一个典型的海峡港口坐落在漳州九龙江的入海口，港区内水域广阔，气候宜人，全年都不会结冰。

2.厦门滨海旅游资源概况

厦门市海域面积340平方千米，海岸线长234千米。其中厦门岛面积约127.78平方千米，海岸线长52.26千米。全市海岸线曲折，岛屿星罗棋布。除了著名的鼓浪屿外，还有大嶝、小嶝、角屿、鳄鱼屿、鸡屿、大屿、火烧屿及丙洲半岛。鼓浪屿面积1.88平方千米，海岸线长约7.65千米。②

厦门市政府在经过全方位调研、专家深入研究和广泛收集群众意见之后，评出了"厦门二十名景"，具体如下：

"万石涵翠"即万石山风景区。区内有园林和众多古景，还有11座规模不等的寺庙，是厦门旅游风光最集中的地方。

"大轮梵天"景观由大轮山和梵天寺组成。大轮山是同安境内东北的主峰，层峦起伏，横亘数里，从应城山奔跃而来，状如车轮滚动，故名。位于大轮山麓的梵天寺，始建于隋代，千年古刹，闻名遐迩。

"云顶观日"主要指的是厦门岛上的洪济山，同时它还是岛上海拔最高的山峰。云顶岩作为主峰的高度为339.6米。在过去，山顶上建有一个名为"观日台"的景点，游客可以在这一景点观赏日出，也正因如此，"洪济观日"成为厦门的著名景点之一。

---

① 郑开雄，运迎霞，常玮.滨海城市"气候承载—空间适应"方法研究——厦门气候承载空间模拟分析[J].城市发展研究，2018，25（8）：9.

② 孙培贤，卜俊，周涛.基于旅游文化资源分析的厦门旅游纪念品设计研究[J].包装工程，2023，44（4）：343-350.

"五老凌霄"指五老峰及山麓的南普陀寺。五老峰位于厦门岛南部，五个山头峥嵘凌空，时有白云缭绕，如五个老人昂首天外，故名。南普陀寺始建于唐代，清康熙二十三年（1684年）靖海侯施琅重建，因寺宇以奉祀观音为主，又在普陀山之南，故称南普陀寺。

"太平石笑"系原"小八景"之一，地处园林植物园内。因太平岩前有四块岩石，两块相叠，一端闭合，一端张开，由另两块巨石顶立，形成石门，自然构成笑口常开景观，自清代以来就被称为"太平石笑"。进得石门，回首可见岩壁有"石为迎宾开口笑，山能作主乐天成"的诗刻。

"天界晓钟"原系"小八景"之一，位于园林植物园内，因天界寺每天清晨要鸣钟108下，钟声特别悠扬，传入市区，可催人梦醒，有"闻钟声，烦恼轻，智慧长，菩提生"之说，天界寺的晨钟也就成了独特的风景。

"东环望海"主要描述的是厦门岛东侧环岛路的风景名胜，这些景区相互连接，共同组成了一个完整的旅游体系。环岛路风景线实际上是一个既可以俯瞰山脉，又可以观赏海洋的带状公园，同时也是一个收藏不同风格雕塑作品的海滨大地雕塑博物馆，这里的全部作品都是围绕着大海这一核心主题，将厦门特区的经济日益繁荣和人民对统一的渴望淋漓尽致地展现在众人眼前。

"金榜钓矶"亦称"金榜玉笋"，是金榜公园内"海滨邹鲁"景区（即金榜山）的主体景点。金榜山上有一高16丈（约53.33米）的巨石，如"玉笋"挺立天际，庄严威武。近年，在它周围复建了"迎仙楼""钓鱼矶""钓隐亭"，修整了陈黯隐居石室，并设置陈黯半身雕像，雕像下方镌《金榜山记》全文。

"北山龙潭"的"北山"指同安的北辰山，"龙潭"指"十二龙潭瀑布"，位于北辰山山麓北侧，飞瀑直下，冲出1000多米长的峡谷，形成了1000多米长的瀑布，这就是北山瀑布，历经千年而不涸，雨季变宽，旱季变窄。瀑布又冲出十二水潭，称"十二龙潭"。

"虎溪夜月"指虎溪岩。明万历年间，厦门人林懋时爱石成癖，见虎溪岩巨石峥嵘玲珑，便自费在一虎口形巨石底部挖出一个大石洞，取名"棱层石室"。石室里居有一虎，由伏虎罗汉赵乾驯养，因而又名"伏虎洞"。当年，伏虎洞前流泉成溪，曰"虎溪"。月到中秋分外圆，虎溪岩又是赏中秋月的佳地，故而此景得名"虎溪夜月"。

"东渡飞虹"指的是东渡旅游景点，主要包括海沧大桥、桥梁博物馆等。在我国桥梁建筑历史发展的过程中，海沧大桥在其中占有重要地位，与其相邻的牛头山公园、中国桥梁博物馆等巧妙结合在一起，形成了一个非常独特的旅游景区。其一方面将多种文化有机融合在一起，显示出强大的兼容性；另一方面也展现出较高的科技水平，具有时代的魅力和属性。

"金山松石"，金山位于厦门岛万石山麓东段黄厝村境内，现划归景州乐园进行开发建设。金山海拔202米，直接面对大小金门、大担二担岛。这里树木、岩石保存得非常完好，满山青翠欲滴的松林、千姿百态的岩石，构成各种景观，充分展现出厦门风光"一城如花半倚石"的特色。

"青礁慈济"指慈济东宫，在海沧青礁东鸣岭龙湫坑畔，供奉神医吴本。慈济东宫现存三座宫殿，有十二根蟠龙大石柱，一对花瓶式大石柱。此外，八角石柱、石屏，雕刻精细；梁上木刻、钟鼓楼藻井、神物彩画、橡子黑白画以及历朝碑刻，堪称奇绝，使东宫具有历史、文化、科学和艺术鉴赏价值。

"鸿山织雨"位于思明南路中段的鸿山，每逢风雨交加，山上雨随风转，相互交错，状如织布，因而有"鸿山织寸"的雅称，是原厦门"八大景"之一。目前的鸿山公园，是个既有名胜古迹、自然风光，又有现代娱乐设施的城市公园。

"胡里炮王"指胡里山炮台，位于厦门岛南部曾厝突出于海面的山岗上，始建于清光绪十七年（1891年），目前尚余东炮台大炮1门、钢轮炮2门。东炮台大炮长14米，重59 888千克，口径28厘米，膛线84条，最大射程10 460米，有效射程6040米，是目前中国现存最大的火炮，也是世界炮王。

"筼筜夜色"指筼筜湖，地处厦门市区核心地带，水域面积1.7平方千米，湖中滩地40万平方米。其中，白鹭洲公园连同人民会堂、南湖公园、西堤公园，构成一处新的旅游区。因为旧时这里有"筼筜渔火"景点，遂将新景改名为"筼筜夜色"。

"皓月雄风"指鼓浪屿东南隅复鼎岩上的郑成功戎装雕像，该雕像及其毗邻的皓月园巨型青铜群像浮雕，构成"皓月雄风"景观。以纪念郑成功为主题而设计的皓月园，布局精雅的亭台楼阁、曲桥幽径等，别有韵味。

"菽庄藏海"指菽庄花园，位于鼓浪屿东南部，是园主人林尔嘉用他的字"叔臧"的谐音命名的。园主人44岁时建四十四桥，桥下闸门把海水引入园内，形成大海、外池、内池三个水区，硬是把大海藏入园中，故名"菽庄藏海"。

"鼓浪洞天"指鼓浪屿景观，耸峙于鼓浪屿中部偏南的龙头山，海拔92.7米，人们称它日光岩。日光岩的巨石峭壁上有80多处题刻，现存题刻年代最早的是泉州府同知丁一中于明万历元年（1573年）题写的"鼓浪洞天"四个大字。由此可见，400多年前就已经出现了"鼓浪洞天"的雅称，后来又成为厦门"八大景"之一。

"鳌园春晖"的"鳌园"为集美嘉庚公园之精髓，"春晖"指嘉庚先生倾资办学的爱国精神。集美学村是华侨陈嘉庚先生于1913年创办的，其规模之宏大，设备之完善，在当时为国内外罕见。集美学村的建筑物是中西合璧，是闽南传统建筑的代表作，具有浓郁的闽南特色和南洋风格。

厦门的海滩通常分为三种不同的类型，即岩滩、沙滩以及泥滩。岩滩主要集中在基岩构成的岬角海岸和鼓浪屿的部分岸段。厦门岛的西北部和北部、鼓浪屿的北部和西部主要是泥滩的分布区域。厦门岛的南部、东南部以及鼓浪屿的南部是沙滩的主要分布区域。沙滩多位于近岸浅海区或沙坝内，一般是几平方千米至几十平方千米，有的甚至仅几百米长，形状不规则，多呈"一"字形排列。其中具有代表性的是全长达到10.14千米的石胄头沙滩，被誉为厦门市的黄金海岸。这里的沙滩坡度平缓，延绵不断，沙质好，视野开阔，交通便捷，吸引了大批的游客来此游览观光。历史上这里曾经作为军事要塞。此外，石胄头沙滩的地理位置十分优越，同其他岛屿隔海相望，自然景观奇特。从某种程度上来说，在厦门所有的沙滩中，石胄头沙滩不仅规模大，还具有非常大的开发价值。

（二）厦门滨海旅游的发展概况

1. 产业发展概况

厦门市旅游业已成为拉动厦门经济增长的重要支柱产业之一。众所周知，厦门是我国的沿海经济特区，随着改革开放政策的实施，厦门在多年以前就非常重视旅游业的发展，并且将其列为主要发展产业。

"厦门市共有A级旅游景区21个，其他公园（游览点）100余处。2022年，厦门共接待境内外游客6568.75万人次，旅游总收入855.17亿元。全市各类住宿设施3579家，其中星级饭店43家，五星级19家及其他高端酒店35家。全市旅行社543家，其中赴台游5家、出境游48家。"[1] 代表性企业包括建发国旅、厦门旅游集团、星旅远洋国际邮轮、华强方特、华夏文化旅游集团等。在《关于厦门市总体规划的批复》中，国务院再次对厦门这座城市的性质进行了重点强调，具体而言就是厦门作为我国首批沿海经济特区，是我国东南沿海地区重要的核心城市，同时也是港口和风景旅游城市。根据这一定位以及未来经济、社会发展需要，厦门必须紧随时代潮流，确立新的城市规划指导思想，同时将港口风景城市定位为厦门的城市特性，从而为旅游行业的持续增长提供强有力的支撑。

2. 滨海旅游资源开发格局

目前，厦门市已开发的景区较集中的区域有鼓浪屿、南普陀、集美等处。素有"海上花园""万国建筑博物馆""琴岛"之誉的鼓浪屿，面积仅有1.88平方千米，是全国重点名胜区、福建省十佳风景区之冠。鼓浪屿历来以多姿的山石、多种的建筑、幽静的街景、良好的市容、茂盛苍翠的花木吸引着海内外游客。各式洋楼华屋、花园别墅镶嵌在高低起伏的街巷和红花林荫之间。日光岩屹立于岛的中部，是观海览胜的绝佳地点。在这弹丸小岛上有众多的公园、琴舍，全岛有200多个琴舍、1座音乐厅、4个花园、1个植物园、1个百鸟园、2座纪念馆、4处天然滨海浴场、1个航海俱乐部和众多度假村、海底世界等。鼓浪屿是我国南方最有特色的海岛度假疗养胜地之一。

南普陀区位于厦门岛南部海岸五老峰南麓，以著名闽南古刹南普陀寺为中心，附近有厦门大学、鲁迅纪念馆、人类博物馆、华侨博物馆、鸿山公园、天然滨海游泳场、胡里山炮台等旅游景点。南普陀寺内有天王殿、大雄宝殿、

---

[1] 投资厦门. 文旅创意[EB/OL].（2023-04-26）[2023-06-18]. https://www.investxiamen.org.cn/detail/1060.html.

大悲殿、藏经阁、鼓楼和钟楼等建筑群，依山势呈阶梯状布局，背山面海，雄伟壮观。寺后五老峰高耸入云，有"五老凌霄"之景。五老峰山麓为该寺历代高僧的墓塔，碧泉、般若池、净土洞、兜率陀院、须摩提国、阿兰若处和太唐亭等景点位于后山。南普陀金碧辉煌，是全国重点寺庙之一，其禅堂为全国最大。南普陀也是全国佛教高等教育基地，是首先实行十方丛林选贤制的寺院，也是开放度较高，对外交流频繁的寺院。这里的素菜品名优雅、品位较高、独具一格，来此一游既可领悟佛教文化的内涵，又可享受滨海风景的乐趣。

集美是著名华侨陈嘉庚先生的故乡，位于高集海堤北端，同安湾西岸，三面临海，建筑雄奇、风景秀丽，宛如一座大花园。景区内建有集美学村、集美解放纪念碑、鳌园、归来堂、延平故垒。海堤及厦门大桥为集美景区提供了快捷的陆上通道。集美学村是我国教育体系的缩影，从幼儿园、小学、中学直至大学，样样齐全；此外，还有图书馆、科学馆、美术馆、体育馆和医院。集美学村是陈嘉庚先生从1912年9月筹办小学开始，倾资兴学一手创办起来的。"嘉庚风格"的建筑独树一帜，民族风格明显。纪念碑是鳌园的主体建筑，华丽雄伟，具有独特的民族风格，被列为全国重点文物保护单位。

总之，厦门既有人文荟萃、名胜古迹繁多、开发历史悠久的旅游景区，又有待开发的海上旅游线和周边海岛旅游景区。部分历史古迹、海岛园馆、海堤大桥，旅游利用率仅达50%，很多还没有充分利用。如沙坡尾至白城、港仔埔、曾厝垵、天泉湾等沙滩基本上处于建设初期。此外，厦门港口发挥航运功能的同时，可兼顾旅游功能。

四、三亚：中国著名的热带滨海旅游城市

（一）基础条件及滨海旅游资源概况

1. 基础条件

"三亚市地处海南岛最南端，位于北纬18°09′～18°37′、东经108°56′～109°48′。截至2023年3月，全市共辖4个市辖区，陆地总面积1921平方千

米，其中规划市区面积37平方千米。三亚市是汉、黎、苗、回等20多个民族聚居的地方。截至2022年末，全市户籍人口73.1万人。"[1]语言有普通话、海南话、军话、迈话、黎话、儋州话、疍家话等。

三亚全境北靠高山，南临大海，地势自北向南逐渐倾斜，形成一个狭长的多角形。市区三面环山，形成环抱之势，山岭绵延起伏、层次分明；山脉的延伸将市区分成若干青山围成的空间，为城市不同地区提供了各具特色的空间景观环境。城市的建设注意城市与自然景观环境、生态环境的协调关系，"山—海—河—城"巧妙组合，浑然一体，构成了三亚市区独特的环境。"鹿回头"是三亚市的主要标志。三亚先后荣获"中国优秀旅游城市""全国生态示范区""国家园林城市""最佳人居环境奖"等国家级荣誉。

三亚的产业发展以"农业为基础、工业为主导、旅游业为龙头"，各产业协调发展。"2022年，三亚市地区生产总值（GDP）为847.11亿元，占全省地区生产总值的12.4%。第一产业增加值110.33亿元，表现出相对稳定的增长态势，这主要得益于农业现代化和生态养殖等新兴产业的发展，以及政策扶持力度的加大；第二产业增加值114.77亿元，表现出明显的下滑趋势，这主要受全球经济形势以及国内外市场波动的影响；第三产业增加值622.01亿元，虽然整体下滑，但仍占三亚市GDP的绝大部分。"[2]这反映了三亚市作为旅游胜地，第三产业发展的基础较为稳固。旅游业成为影响力最大、拉动力最强、贡献率最高的优势产业，带动了航空、运输、餐饮、购物、电信等其他产业的发展，尤其是房地产业的发展。

三亚地处低纬度，属热带海洋季风气候，年平均气温25.4℃，长夏无冬，艳阳普照。此地汇集了阳光、海水、沙滩、森林、动物、温泉、岩洞、田园、风情、古迹旅游资源，是中国热带滨海风景旅游资源最丰富、最密集、最完整的地区。"三亚热带海滨风景名胜区"是国务院发布的第三批国家重点风景

---

[1] 王婕霏.国际旅游消费中心视角下海南三亚城市形象策略研究[J].全国流通经济，2023（5）：133-136.

[2] 三亚市统计局.2022年三亚市经济运行情况通报[EB/OL].（2023-01-30）[2023-06-18].http://tjj.sanya.gov.cn/tjjsite/hygq/202301/0067cf83f4124f09b10bdfaef204bdb4.shtml?version=1.0.2.

名胜区之一。国家文旅部门按"奇、绝、美、胜"四个系列在全国评选的王牌景点中,"三亚海滨"被列为"美"之首。南山文化旅游区是经国家相关部门批准建设的一个融中国民族民俗文化、生态环境保护、热带海洋风光和佛教文化为一体的全方位、多层次的国际性文化教育旅游园。

2. 主要的滨海旅游资源

三亚作为我国最南端的热带滨海旅游城市,滨海旅游资源丰富。"境内海岸线长 209.1 千米,有大小港湾 19 个。主要港口有三亚港、榆林港、南山港、铁炉港、六道港等。主要海湾有三亚湾、海棠湾、亚龙湾、崖州湾、大东海湾、月亮湾等。有大小岛屿 40 个,主要岛屿 10 个,面积较大的蜈支洲岛有 1.05 平方千米。"[1]

三亚市区环境极为独特,山、海、河三种自然美景集中一地,构成了三亚市特有的自然景观。海上回望,群山如绿色屏障辉映出三亚市的妩媚多姿。众多山头也提供了眺望大海、河湾和城市景观的条件。

三亚海域广阔,海底有多处珊瑚礁;西岛、大东海、蜈支洲岛和亚龙湾附近海底大量的珊瑚礁形成奇特的海底世界,是全国乃至世界潜水旅游的最佳场所之一。沿岸开阔的海湾以细软洁白的沙滩、清澈见底的湛蓝海水驰名于世,是我国最佳海底观光、避寒冬泳胜地。世界旅游组织秘书长弗朗加利考察三亚时说,三亚的美丽"远远超出了我的想象"。这些得天独厚的旅游资源,使三亚有条件成为国际性热带滨海旅游度假胜地。

(二)三亚滨海旅游的发展概况

三亚市确立了"旅游立市、旅游富市、旅游强市"的发展战略,旅游业发展势头强劲,旅游接待水平进一步提高。"2022 年,全市接待游客人数 1314.79 万人次。其中,国内游客 1303.32 万人次,入境游客 11.47 万人次,下降 19.2%。全年旅游总收入 434.71 亿元,其中国内旅游收入 431.54 亿元;旅游外汇收入 4838.27 万美元。全市列入统计的旅游宾馆(酒店)293 家,拥有客房 62 632 间,比上年增长 1205 间;拥有床位 100 546 张,比上年减少

---

[1] 赵娜娜,李如跃.海南省三亚市滨海旅游特色产业发展研究[J].商展经济,2023(8):38-40.

431张。全市共有A级及以上景区14处，其中AAAAA级景区3处，AAAA级景区5处。"①

　　三亚采取各种形式，招商引资投入旅游基础建设，营造了一条长20千米的"椰梦长廊"。开发建设了两座迷人的热带海岛（西岛、蜈支洲岛），西岛成为全世界最大的潜水训练基地。建设了三个AAAA级景区，南山的长寿文化、天涯海角的婚庆文化、亚龙湾的美文化成为三亚市旅游的热卖品牌。围绕建设国际滨海旅游城市的目标，三亚不断完善旅游服务功能，新（续）扩建一批宾馆酒店。喜来登、假日、凯莱等知名品牌的入驻，大大地提高了三亚的城市品位和知名度。完成了"三湾"（三亚湾、亚龙湾、大东海），"四场"（大东海明珠广场、凤凰广场、海月广场、海虹广场），"五园"（白鹭公园、水上公园、名花公园、水景公园、亚龙湾环湖公园）等一批景观、道路、公园、广场项目。三亚还充分利用水体、山体、海滩、植被等环境特征，打通和拓宽通向滨海、河滨的主次道路，形成了城市中心地段向滨海及三亚河的视觉通廊，使海景、绿景和城景相互通透，相互借景，有机结合，和谐统一，创造了"城在山中，城在绿中，城在花中"的独特的热带滨海城市景观。

　　三亚市从实际出发，深度开发旅游产品，取得了比较明显的成效。一是优化产业结构。不断完善"吃、住、行、游、购、娱"六要素的比例和内部结构；扩大现有景区规模，提高滨海景区档次和品位；大力开发海洋旅游文化资源（观光、探险、休闲、娱乐等），不断增加新的旅游项目。二是优化旅游产品结构。继续推进由旅游产品观光型为主向度假观光型为主转变，开发海洋、生态为主要内涵的度假旅游产品。积极推出海洋科普旅游精品，推进涉海重点旅游项目的建设。

　　经过多年努力，三亚市城市地位明显提高，游客总量持续增长、产业效益日趋向好、旅游精品不断增多。旅游产业出现转型增效、协调发展的良好态势。从观光旅游为主向观光旅游、休闲度假旅游并重转变。旅游带动相关产业全面兴旺。按城市人口计算，三亚每万人拥有高标准度假酒店数量居全

---

① 三亚市统计局.2022年三亚市国民经济和社会发展统计公报[EB/OL].（2023-02-27）[2023-06-19].http://tjj.sanya.gov.cn/tjjsite/tjgb/202302/a9cb6a42c2184af8a4bd0217c57b0bca.shtml.

国各城市之首。涉外旅游项目接待人次不断增长。三亚市已成为全世界接待潜水游客量最大的城市之一。

世界上对滨海交通的规划，一般是将过境干线置于临海城镇或度假地的"身后"，贴近海岸的道路应该设计为辅助道路。如果滨海公路紧贴海岸则形成城和海的分割，造成过境交通和未来城市居民亲海需求的矛盾。设计者应该考虑滨海大道沿线居民和度假区的游客渴望亲近自然、亲近海洋的需求。

此外，海岛开发中有一些值得注意的问题。海岛的生态环境相对独立且比较脆弱，盲目地开发极易造成不可逆转的破坏。因此对海岛旅游开发应该持慎重态度，限制在环境的合理容量之内，且必须解决污水和固体废弃物的无害化处理问题。除此之外，还应该确保部分海岛能够维持原始的生态，以便为留鸟提供一个不被人类所打扰的安全区域，同时为过境的候鸟提供安全的通道。海岛的供水、供电成本很高，海岛开发比陆地开发的风险更大，成本更高，应该尊重海岛开发的特殊性，坚持合理、适度，对海岛独特的自然与民间传统进行重点宣传，以市场需求为具体导向，致力于环境、经济以及社会三方面效益的有机融合，结合自身实际情况对开发方案进行合理规划。

第二节　国际滨海旅游业发展经验

一、各国滨海旅游业发展概况

滨海旅游开发几乎涉及世界上的各个大洲，有的在发达国家，有的在发展中国家，项目大小也不尽相同，大型的投资额可达 10 亿美元之多（如伦敦的港区开发工程），中小型的项目投资额在几千万美元左右，然而，充分发挥滨海地区的地理优势，以此进行旧城改造，促进经济发展的理念与我国推动沿海地区发展的思路有着异曲同工之处。

美国主要城市都处于滨海地带，这些城市都曾进行过城市重建与开发活动。

在欧洲，作为岛屿国家的英国，走在了滨海地区发展和建设的前列，其伦敦港口是欧洲最大的城市改建工程（始于1981年，至今仍在进行），此外还有曼彻斯特的运河河岸改建（Albert Dock，于1988年完成）等。

伴随着亚洲经济的迅速蓬勃发展，各个国家都开始加大对城市建设的投资力度。其中日本是一个有着绵长滨海地带的岛屿国家，在开发滨海地区方面下足了功夫。仅仅一个大阪湾，其滨海开发项目到现在已经达到了107个，最令人震惊的是，这107个开发项目中有60多个项目的投资金额达到了1000多亿美元。在大阪湾于1994年竣工的"宇宙广场"（Cos-mos Square）打造了450米的步行平台，吸引了许多游客前来参观，从而提高了城市的知名度。

新加坡旅游业闻名于世离不开其优良的城市环境质量，从1980年起，新加坡在进行滨海地区开发时就注重对于历史古迹以及文化传统的保护，如自1983年起建，历经5年时间打造完成的"船艇码头"商业街（Boat Quay）以其富有创意以及本土文化特色而备受欢迎。

澳大利亚漫长的海岸线和众多的河流也为滨海地带开发提供了良好的条件。悉尼湾早就以其造型独特的歌剧院而闻名，1970年又在悉尼湾畔将破旧的仓库改为商业街并获得成功（The Rocks，1970年启动，迄今仍在续建）。1988年落成的达令港重建项目，也受到了美国巴尔的摩内港改建的影响，是一个集会议、展览、商业、旅游为一体的多功能项目（Darling Harbor，1988年落成）。

二、国际滨海旅游业发展案例

（一）波士顿：历史名城的滨海地区开发

波士顿位于美国东北部大西洋沿岸，创建于1630年，是美国最古老、最有文化价值的城市之一。波士顿的出现主要是源于美国东部沿海地区河流的冲积。波士顿的地理位置得天独厚，海岸线长达290千米，涵盖范围北起温斯洛普，南至赫尔。波士顿是滨海地区最为典型的一座城市，它的海湾水面积大概是118平方千米，并且具备许多岛屿和深水港。

1. 滨海项目设计开发概况

波士顿在脱离英国统治之后逐步发展起来，城中高楼大厦林立，其中不乏一些年代已久的古迹建筑，而且许多建筑具有"独立"意义。在20世纪50年代末，波士顿开始发动"城市重建"运动。波士顿滨海地区引进大量的重建项目，力求新与旧和谐、完美融合在一起。在许多美国居民心中，波士顿是一个既有活力又有古老历史底蕴的存在。其重建项目包括居民住宅、商业区、公园、办公写字楼以及城市照明等，总共的用地面积达到了40平方千米以上。一系列的仓库被改造成商业楼、住宅和办公大楼。1976年，人们所看到的是一座全新的滨海城市，呈现出一片繁荣景象。

实际上，波士顿的重建工作在很久以前就已经开始实施了。早在1962年，美国城市重建局完成首次对波士顿海岸区域的调查，同时构建了一家非营利性的组织机构。之后，由建筑师贝聿铭设计的40层高楼在1971年竣工；由剑桥大学建筑师简·汤普生（Jane Thompson）依据旧的法纳尔厅设计改造的昆西市场也成功在1976年正式开业。

1983年，波士顿正式启用"关联城市开发措施"，其目的在于在保护原有城市纹理与环境的前提下，同时综合考虑市民的就业情况与生活物质需求后，城市开发能顺利进行。其中，"关联城市开发措施"有着明确的规定，凡在市区内投资建设占地逾9290平方米的商用或写字楼，应以每平方英尺（929.03平方厘米）5美金的标准向中、低收入居民社区提供发展资金，另收取1美元以作职业培训经费。根据有关规定，开发商在开发项目时，需要向波士顿社区信托基金缴纳前项所收取的开发费用，并于7年内缴清，若所申请之发展地点位于市区以外，可于12年内缴清。此措施的出台避免了市区的商业建造与城区居住环境改善所可能出现的冲突和矛盾，真正起到复兴市中心商业区的作用。此举既能顺利完成市中心商业区以及公共设施的改造，同时居住社区也得到了相应的经济补偿，这促使市区外的居民有意愿回到市中心生活，从而避免了中心城区"空心化"现象的加剧。

自"关联城市开发措施"实施以来，波士顿查尔斯顿海军码头、长码头饭店、罗尔码头等重建项目工程都根据有关条例，缴纳了相应的资金。与此同时，波士顿在进行城市重建时，也将其与周边居民区的联系纳入城市的规划与设计之中。

以下便是波士顿政府探讨的一些滨海地区开发项目：

（1）马萨诸塞会展中心

内港的滨海区域，是一个集会议、住宅、商业和写字楼为一体的新型商业发展项目，面积达121万平方米。

（2）海上国家公园

其中30座岛屿被认定为具有休闲、教育和商业潜能的国家公园。

（3）水上交通枢纽

应使波士顿港发展成为一个快速便利的水上运输中心。

从目前的发展情况来看，波士顿滨海地区的旅游业和商业一体化开发总体上还是十分可观的，并取得了一系列不错的成果，蕴含着很大的商业潜力。"麻省理工学院在'全球化与马萨诸塞州'的一项国际学术讨论会中表示：波士顿滨海区域的经济发展将使内港滨海区域的商用及生活用地总数达130万平方米，酒店数量达5000间（光是新展览中心一项就要求3000张以上的床位）；滨海区域的发展预计将给波士顿带来一年高达22亿美元的收益，这一数字已经远远超出了波士顿会展中心报告中的预测数值。"[①]史蒂芬·克里（Stephen Coyle）曾担任波士顿城市重建局局长，他对美国很多城市进行了调查，认为波士顿是全美最吸引人的城市。

2. 自由裁量式设计审查制

波士顿滨海地区的开发设计采用的是一种指导性的自由裁量式（Discretionary Approach）管理办法。

波士顿只有一套完整的城市设计体系，而城市重建局也没有统一的、可供参考的规划设计标准，只能通过城市设计评审人员、开发商以及建筑师等多方合作研究个别案例来为城市开发项目制定设计标准。这时，一些已经通过审批的城市设计标准成为城市重建未来的借鉴典范。同时，重建局的设计评审人员具有较高的职业素养与办事效率，使波士顿城市设计评审的行政程

---

① 李忠东. 波士顿：世界上最大的"建筑博物馆"[J]. 房地产评估, 2009（4）：2.

序得以顺利实施。其在审理特定的开发项目时往往能够从整体的环境角度出发，提出最适合的设计准则。

此外，波士顿对于城市设计审查流程把控十分严格，从设计概念、设计方案、施工图纸、施工说明提纲，直至最终的正图、施工图及说明书，这一系列的流程，开发商和建筑师不能自行做主，而是要呈送至市重建局，由市重建局再作商讨和审议，可见，城市重建局在审查工作中有着很大的权力。针对不同的地段和类型，采取不同的设计审查方式进行控制。这样做的目的是让城市设计管理更加人性化，更具特色，能充分发挥波士顿的创造力，保留其丰厚的历史文化特征。

波士顿政府所实施的城市设计管理方式受到了许多市民的认可与赞扬，市民纷纷为城市设计出谋划策，展开了积极的讨论。波士顿公共设计委员会已在波士顿的多个区建立，并会同市重建局、土地利用规划理事会以及其他专业组织，就各地区的规划与设计进行探讨，让公众能更直接地参与到规划审查的过程中来。

（二）巴尔的摩：市内港区的商业旅游开发

巴尔的摩是美国东海岸马里兰州最大的城市，也是美国重要的滨海城市。

1. 滨海重建项目开发概况

在二战爆发之前，巴尔的摩以钢材和石化为主要工业。此外，巴尔的摩港是美国最为优异的港口，又处于美国东北部经济发达区内，航运十分繁忙。巴尔的摩市区设计就是围绕着它的大港而展开的。在二战爆发之后，巴尔的摩因其经济体制的转变和重工业的萧条而走向衰败。该区域的商船和货船都纷纷向其他的港口转移，造成巴尔的摩的内部港口越来越不景气，许多业主见此地逐渐荒凉，看不到任何前景，便搬离了市中心，导致人口密度下降，贫穷比率一年比一年高。

到了20世纪50年代中期，以工商界人士为主的市中心委员会与大巴尔的摩委员会迫于经济的压力，决定联合起来，重建市中心城区。1956年，巴尔的摩议会成立了城市计划委员会，并且赋予该委员会权力开启城市更新的开发项目。市中心委员会和大巴尔的摩委员会为城市规划委员会提供充足的资金，使其顺利开启了城市中心编制计划。1957年，费城华莱士规划设计公司（Wallace McHarg Roberts & Todd of Philadelphia）受雇，负责城市中心地区的整体规划。到了1964年，美国华莱士规划设计公司的巴尔的摩的概念规划书顺利完成。此次城市重建预计用时30多年，总投资额预算为2.6亿美元，涵盖了内港区沿海岸线。城市开发项目包括重建市府大厦、将查尔斯中心扩展至内港区滨海、对市民开放内港滨线、建设多层及低层住宅等。

2. 旅游功能设施的开发建设

巴尔的摩虽然没有将滨海区域的公共交通建设列入城市规划中，然而，它还是将沿海岸线地区作为公众的公共活动空间。此外，市中心到滨海地区的步行街建设、内港滨海散步道建设以及依河而建的公园等都纳入了巴尔的摩的规划当中。内港发展管理公司（Charles CenterInner Harbor Management）在1965年正式成立，这是一家非营利性的机构。该公司为内港区的工程提供援助，并筹得1200万美元的先期开发费，同时，联邦政府根据城市更新法案，批准下拨2240万美元给巴尔的摩市用于购买土地和清拆码头仓库区。

随着滨海地区的改建工作取得一定的成效，巴尔的摩的旅游者数量不断增加，巴尔的摩的旅游业因此得到发展。市政府将已完成的改建项目中获得的资金收益全部用于正在实施的改建项目上，从而达到经济的良性循环。1976年，巴尔的摩科学中心落成启用，这是由著名的设计师爱德华·斯通（Edward Durrell Stone）设计的。1977年，著名建筑师贝聿铭（I.M.Pei）所设计的巴尔的摩世界贸易中心大楼竣工并投入运营。此外，马里兰政府在进行可行性论证后，认定巴尔的摩会展中心对全州有很大的好处，为此，该州向会展中心投入了3000多万美金。1980年，港湾市场（Harbor Place）投入使用。坐落在内港滨海散步道边的港湾市场，两翼是造型独特的帐篷式的购物中心和餐厅。据报道，港湾市场使用第一年就吸引了1800万人前往购物和参观。1981年，巴尔的摩国家水族馆正式使用。该水族馆由巴尔的摩市政府投资2100万美元，年接待游客100万人次。1984年，第五号和第六号码头改建工程开始。

巴尔的摩内港口的更新理念是：通过加大对城市商业和旅游业的资金投

人，来吸引大量的外来游客以及本地的顾客，同时将居民楼、酒店以及办公大楼建在商业中心附近，以刺激消费。从建筑布局上来分析，离水面最近的要有供人消费的大型购物商场，供人休息的绿地公园以及广场，供人游玩的如海洋馆、游艇中心以及音乐剧院等场所。而远离城市中心且靠近水边的地方都是高层公寓，其目标群体是那些拥有更高收入和更多样化生活需求的单身白领。这样，离水近的公寓可以开设其他地方没有的私人游船码头以及水上运动俱乐部等，这是他们会选择在这里定居的原因。此外，来这里生活的人基本上都没有孩子，因此公寓区不需要建设幼儿园和小学之类的设施，一定程度上还节省了资金。

其中，将项目的骨干工程——大型商场（例如港口市场），设置在市区与滨海区域的交汇处，从而起到相辅相成的作用。在运输组织方面，将去往滨海区域的普瑞特（Pratt）大街改造成一条封闭的路线，并通过高架人行系统将市中心与大型商场连接起来。两个商场中间的广场常举办各类演出，以吸引顾客消费。

3. 经济和社会效益

巴尔的摩内港开发与改造项目取得了很大的反响，其他港区的构建也纷纷开始吸取经验。不管怎么说，该项目无论从经济角度还是从城市形象方面都取得了很大的成功，值得我们学习与借鉴。自1950年以来，巴尔的摩对内港区进行的耗时较长的重建与改造，花费了大量的人力和财力，使内港区焕然一新，同时也吸引了不少国家的官员和地产商前来考察，他们都对巴尔的摩所取得的成果赞不绝口。巴尔的摩内港口的改造是世界各国学习的典范。

"巴尔的摩内港在启动重建时就已获得5500万美元的投资，直到1990年，该市每年可从这个项目中得到2500万～3500万美元的税收，因其独特的城市景观与人文气息，来城市参观的人越来越多，如今巴尔的摩每年需要招待大约700万名游客，他们的消费能够为城市带来8亿美元左右的旅游收入，并为城市带来3万个就业岗位，由此可见，巴尔的摩的城市开发项目为其带来了巨大的经济效益，提升了该城市的就业率。"[1]

---

① 孙志勇. 城市滨海园林景观带规划设计研究[D]. 济南：山东建筑大学，2016.

其实巴尔的摩内港区的城市改造主要目的有两点，一是引进投资，二是改善环境。政府格外注重对重要区域的规划指导，并给予发展商及建筑师自由发挥创意的空间。这个举措使城市设计更具个性与创意，带给人们一种完全不同的视觉享受。

但是，巴尔的摩滨海地区也建立了游乐场以及超大规模的斯格特公寓大楼，这些建筑与其周边环境相比，显得有些格格不入，从整体上来看缺乏整体性，在一定程度上破坏了城市的结构和肌理，这也是巴尔的摩改建项目的一大缺陷。通过对1958年与1992年巴尔的摩内港的两幅航拍照片的比较，我们可以看到，原本各自为政的小街区、小绿地，经过改建后，都成了单独的大型建筑物，以前的街道早已消失不见，同时原有的地域文化也被破坏了。

此外，巴尔的摩内港的空间品质与质量虽然在不断提高，但并未使整个城市变得更加繁荣，也未能使社区环境得到优化，这不利于社会的整体性发展。内港区虽地理位置优越，经济繁荣，但也只是城市的某一地段，内港区的空间环境改造实质上只是针对城市中高收入阶层及外地旅客的休闲及商务消费需求。城市政府用于这项目的开支，其实大部分都用于提高中等及以上收入家庭的居住条件。但因未将低收入人群考虑在内，导致整体社会环境并未显著改善，特别是治安问题日益突出，导致很多中高收入家庭不想在城区落户和生活。在美国其他城市从20世纪90年代中期开始犯罪率明显下降的时候，巴尔的摩市的凶杀及其他刑事犯罪在整个90年代依然顽固地保持着很高的比率。调查结果显示，巴尔的摩市的吸毒、患梅毒及淋病的比率比全美任何地方都高。因为巴尔的摩的城市更新计划的推行，同时又遇到经济转型时期，所以大量的工厂选择搬离市区，这使该市在10年中丧失了大量工作岗位，城市人口也随之大幅度下降。

巴尔的摩滨海地区开发就项目自身而言，是全美乃至全世界闻名的成功实例，从巴尔的摩的发展历程来看，我们能够知道，一个滨海地区开发项目取得成功，并不意味着整个城市经济与社会也随之得到发展，对于一个处于转型中的老工业城市而言，想要通过自身的发展来带动整个城市的发展基本是无法实现的事情。

（三）悉尼：杰克逊海湾周边的旅游开发

悉尼位于澳大利亚的东南部，是新南威尔士州的首府、澳大利亚最大的城市。悉尼之所以闻名于世，不仅仅是由于它在经济上的重要性或人口众多，在相当程度上和它独特的海湾风貌，尤其是造型优美典雅的歌剧院有很大关系。

悉尼歌剧院是悉尼海岸上最著名的建筑物。悉尼歌剧院坐落在悉尼港的便利朗角(Bennelong Point)，其特有的帆造型，加上作为背景的悉尼海港大桥，与周围景物相互呼应。这座建筑的设计出自丹麦建筑大师伍重（Utzon）之手，其建筑外形犹如即将乘风出海的白色风帆，得到了专家和居民的一致好评。此外，该建筑的施工过程也十分艰难，耗时将近30年，最终在英国王后的监督下完工。歌剧院整个分为三个部分：歌剧厅、音乐厅和贝尼朗餐厅，有着将近1.78万平方米的占地面积，是悉尼和澳大利亚的标志性建筑。

虽然荷兰人在1606年就到达了澳洲这片新大陆，悉尼却直到1770年才被英国航海家库克船长（Jamcs Cook）发现。很快，这个海湾——杰克逊港（Port Jackson）就被誉为"全世界最优良的港口"。

1. 杰克逊湾的开发概况

悉尼的海岸线长达256千米，有30个沙滩。杰克逊港把城市分为两部分：海湾南部是商业及工业区，海湾北部是居住区。两者之间由悉尼港湾大桥（Sydney Harbor Bridge）相连。该桥始建于1923年，历时9年完成，是当时世界上最大的钢桁架结构大桥。桥长550米，桥面距水面高54米，但中拱高达145米，形象雄伟。桥面上有8条汽车道，2条铁路轨道，再加步行道和自行车专用道各1条（虽然该桥的日通行能力达16万辆汽车，但仍有交通拥塞的问题，所以正在筹建海底隧道）。

悉尼市设立了专门负责滨海地区规划管理和城市开发的行政主管部门——悉尼市海港海滩管理局（Sydney Harbor Foreshore Authority）。这个部门代表政府行使对海港和海滩的各项行政管理权限。1999—2000年，悉尼市海港海滩管理局政府公报中提出继续改进悉尼重要的滨海地区，平衡旅游、社区和商业的发展。其中的原则有如下两点：

第一，对悉尼港口、海滩的天然景观、历史文化遗产进行保存与传承，以保持并推动该市的经济发展；

第二，管理以及合理运用沙滩土地，鼓励市民使用海边各类公众活动场所。

澳大利亚炎热的天气，使当地的城市设计非常具有气候特点。悉尼的规划大纲要求街道至少宽 200 尺（合 70 米），以保证空气流通不受阻碍。房屋之间的间距也较大，住宅多建环廊，以供乘凉。悉尼能够获得 2000 年奥运会的举办权，其中一个主要原因在于悉尼从政府的政策到市民的意识等各个方面对于环境的重视，并且，在改善环境方面进行了大量的投资，它在世界范围内第一次提出了"绿色城市"的概念。

悉尼岩石区 (The Rocks) 位于悉尼市中心，紧邻环形码头 (Circular Quay)，是悉尼最热闹的地区之一。其坐落在悉尼港湾大桥上，如今依旧保存着大量殖民地乔治式的建筑和仓库。直到 1970 年，悉尼才开始对岩石区进行开发改建。悉尼政府在维持历史建筑原貌的前提下，将其打造为集餐饮、购物、休闲于一体的旅游目的地。

2. 滨海区开发的经验

悉尼杰克逊港的成功开发与改造，受到了外界的认可与好评，成为全球滨海城市设计的典范。其经验可归纳为：以悉尼歌剧院为中心，其余建筑像岩石区等都要以此为主题进行设计，从整体上营造一种"众星拱月"的感觉。

三、国际滨海旅游城市开发的经验与教训

（一）开发成功的评价问题

不同城市建设项目是否成功，其衡量标准是不同的，滨海地区的城市开发项目也是如此。

从政府的角度分析，项目成功与否的标准在于：第一，项目对于城市经济发展是否有益，是否能够增加城市经济总量，从而让政府的税收得以增长；第二，项目能否提供大量就业机会，提升本地的就业率和就业质量；第三，

项目能否美化城市市容,增加居民幸福指数和自豪感,从而提升政府的业绩。政府在决定城市建设过程中是否要开发滨海地区建设项目,以及项目建成后评价其质量的时候,其主要依据就是以上三个标准。

从市民的角度分析,项目成功与否取决于以下三个标准:首先,作为普通市民能否享受到这个项目带来的福利,如果答案是否定的,那么市民对这个项目的评价不会高;其次,该项目能否美化市容,当然,人的审美观是不同的,但是一个优秀的城市建设项目必然符合大部分人的审美;最后,该建设项目在经济上是否划算,如果项目投入的经费数额巨大,那么很可能遭到群众的质疑。

从开发机构的角度分析,成功的建设项目应当首先能带来足够的利益,其次能够在社会上得到广泛的认可,从而为自己赢得信誉。

(二)关于旅游城市发展的主要经验

1. "跳出旅游发展旅游"和建设"大旅游"

从国际性滨海旅游城市的发展经验看,各个城市在发展旅游时,都不是局限于旅游而发展旅游,而是跳出旅游看旅游。把旅游作为一个巨大的、内涵丰富的产业群,在旅游六要素食、住、行、游、购、娱协调发展的基础上,把旅游与饮食、商贸、交通、通信、服务等第三产业,以及制造业、农业等许多相关行业综合起来考虑,以旅游为突破口带动相关产业的发展。因此,许多国际性旅游城市的其他行业也占有重要的地位,如新加坡和夏威夷是国际航运中心,伦敦和香港是国际金融中心等。当然,对于一些地区性或国家性的国际旅游城市(如坎昆、戛纳等)来讲,旅游甚至可以成为一种导向型经济,但这些城市也十分重视其他产业的发展。

国际性滨海旅游城市的发展经验表明,在旅游发展中,国际性旅游城市都走"大旅游"的道路,不把景点局限于城内,而是把旅游景点尽可能地在空间拓展。如夏威夷十分注重周边岛屿和海洋旅游资源的开发。同时,这种大旅游更表现为把自己融入一定的旅游区域,使自己成为旅游区域的中心,如上海把旅游区域扩大到整个长江三角洲,香港则把自己定位为中国内地旅游和东南亚旅游的走廊。

2. 城市建设体现"旅游化"和城市化走向"旅游导向型"

现代旅游城市的发展实践越来越表明，城市本身就是一个巨大的旅游景点。因此，旅游城市宜人化、家园化的特征，表现得越来越清晰，国际性旅游城市对自然环境的建设与保持十分重视，在环境建设方面重视绿化、美观、设计感、艺术性和个性化，在建筑风格方面也能做到将现代气息与古典文化和民族个性有机融合，使人造建筑更加注重与自然环境的协调统一。例如，新加坡"花园城市"的风光，是吸引游客的重要因素。

从国际性滨海旅游城市的发展经验看，在城市化过程中，国际性旅游城市一般很少经过大工业化阶段，如夏威夷、坎昆，城市化道路烙上了旅游的痕迹。而在国际化方面，旅游更是影响或决定着一个城市的国际声誉，可以这样认为，如果没有旅游，我们也许就不会知道像坎昆、迪拜这样的城市。

3. 滨海旅游的生命力在于特色和良好的软环境

国际性旅游城市发展旅游业都强调特色，对这种特色的解读方式有很多种，例如开罗以自己的历史文化特色闻名于世界；夏威夷的阳光、海水和沙滩是靓丽的名片；香港的独特之处在于东西文化交融；日内瓦的特色则在名山胜水等。可以这样认为，没有特色的旅游城市，终究不会成为有影响力的国际性滨海旅游城市。

随着生活水平的不断提升，人们越来越重视精神方面的追求，在选择旅游目的地的时候也更重视城市的软环境。因此软环境成为各旅游城市提升竞争力的重要方面，新加坡是一个以礼仪闻名于世界的城市，人民的礼貌让游客流连忘返，忍不住旧地重游，香港居民的双语（英语和汉语）交际能力使人有宾至如归的感觉。软环境的优越，是旅游城市吸引力和凝聚力的源泉。

（三）关于滨海旅游项目开发的主要经验

从国际性滨海旅游城市的项目开发实践看，主要的经验包括：

1. 科学、周密的前期规划

滨海地区的城市建设开发项目要想成功，首先要设计周密的开发计划。沿海城市的滨海地带往往很长，如何对这片土地进行规划和开发对于城市的发展而言十分重要。从世界上成功的开发案例中，我们能够找到它们规划的共同之处。

首先是滨海地带和市中心的关系。在发达国家中，成功的滨海地区开发项目都与市中心相连。例如，悉尼滨海地区紧挨市中心；巴尔的摩内港区则通过高架步行桥和市中心相连，两地之间直线距离很短；纽约的炮台山公园本身就是对位于市中心的世界贸易中心的扩大和延伸。而失败的项目中则有很多是因为没有重视开发地区与市中心的关系，例如伦敦港区工程与市中心相隔10千米，该地区经济并不繁荣，只有工业繁荣过后遗留的一些工业和码头设施，因此无法通过原有产业带动本地区的经济发展，导致当地人流量无法增加。

其次是对交通的规划与设计。滨海地区项目开发的交通规划重点在于步行交通安排，要为游客提供体验良好的、方便的步行交通体系。这一点在成功的项目开发中也能得到证实。要鼓励步行出行，建设完善的步行系统，才能吸引更多的人流，才能通过沿街的各类商店和节日广场拉动经济增长，发挥"人气"的作用。

最后是多种功能的有机融合。在项目规划中，传统的"功能分区"理论并非完全正确。滨海地区相对来讲面积比较小，设计者规划中要有意识地将不同的功能集中起来，如零售区、娱乐、餐饮、办公、居住等，这样才能让该区域内保持高频率的人流活动，从而增加开发区的吸引力。

此外，在设计规划当中，我们还应重视主体建筑的设计和修建，通常情况下，主体建筑需要既能在功能上满足人们的不同需求，又能在设计上成为该区域的标志。有特色的城市设计给所有"看不见"的幕后工作——策划、规划、财务安排等穿上了一件引人注目的外衣，从而保证了这些工作最终能协同在一起并取得成功。在这一点上，巴尔的摩内港区做得非常成功，该地区有繁华的节日广场、美丽丰富的水族馆、宽敞的水边露天舞台，无论是什么年龄段、什么层次的游客都能在这里找到自己喜欢的风景和活动。横滨的"太平洋中心"则在建筑造型上花费了很多心思，其风帆式的造型受到很多游客的喜爱，并成为该城市的标志性建筑。

当然，具体的成功经验不仅这些。关于滨海旅游项目的开发，国际上已累积较多的成功经验，并为一些研究者所总结。设于香港的"雅邦"（Urbis）事务所的主要设计师彼得·史密斯（Peter C.Smith）在一系列讨论滨海地区的文章中总结了成功的要素，包括：接近水体利用历史建筑物，满足多用途混合使用的功能，鼓励步行者，建成连续的开敞空间系统，创造有特色的环境，以吸引人的项目作为开发的核心，以及和市中心要有连接。研究者特别指出，盲目照抄别人的形式和风格往往正是失败之源。例如，西班牙的巴塞罗那港口区（Port Vell）以北美风格来指导设计，建立了水族馆、游船码头等项目，但并未成功，因为这些"舶来品"不符合有强烈文化特色的西班牙城市的需要。

2. 政府和企业的合作与互动

在项目开发过程中，政府起到了非常重要的作用。首先，项目开发之前，政府要进行周密的策划，对开发立项、开发程序设计、土地使用规划、财务、投资计划和比例等问题进行充分的思考。组织开发时，政府也要起到牵头作用，很多城市的滨海开发项目就是由政府成立"联合开发办公室"联合旅游、交通、财政等相关部门共同完成的。

自项目筹建开始，各方就要组建"联席会议"机构，负责项目开发过程中的规划设计协调、开发与建设、房产销售和招商、物业管理等工作。政府负责从宏观角度调整和控制规划。企业负责选定项目类型、决定项目规模、控制项目施工进度等工作，这些决策往往需要企业根据市场导向而决定。

因此，政府和企业的互动具有重要作用。英国伦敦港区的开发项目"金雀码头"是典型的因为政府规划和控制不当而导致失败的案例。当地政府将项目规划完全交由市场，导致项目缺乏宏观的、整体的发展战略，开发商只能随机地、凭借自己的喜好去寻找和选择项目，最终使整个项目缺乏设计感，大量建筑凌乱而缺乏规划地"挤"在一起，最终影响了经济效益。在美国同样有失败的例子。底特律市在密歇根湖畔建立了"复兴中心"（Renascence Center），希望以此带动衰退的市中心，但这个中心以及所建的"节日广场"并未达到振兴城市的目的，也没有吸引到足够多的游客和消费者。

3. 提高开发运作水平，保证经济效益

滨海地区的开发往往耗费时间和金钱，因此规划者要重视项目的效益问题。

在此我们以纽约炮台山、伦敦港区、波士顿海军码头改造以及多伦多港口改建四个项目探讨项目的经济效益。

纽约炮台山公园位于河海交汇处，是填海造地而成的，占地面积37.2万平方米。1968年，当地政府重新建立了开发协调机构对此地进行开发，次年规划得到批准，1979年开始动工，3年之后，世界财务中心建筑群在此地建成，标志着该项目开发完成并取得了巨大的成功。

伦敦的港区工程占地2200万平方米，在当时是西方最大的改革投资开发项目。自1971年开始，该项目就已经开始规划，但一直缺少投资商。1981年撒切尔政府为了解决严重的失业问题并摆脱经济衰退的困境，开始大量修建公共设施。港区工程也是当时的项目之一，当时政府成立了"伦敦港区开发协作办公室"联合开发机构，受中央政府管辖，直接接受该项目的开发事务。但是项目的市场收益惨淡，到了20世纪90年代，该项目的主要私人开发商宣布破产，工程不得不暂时停止。1995年，政府对该项目追加投资，并实施了一系列干预手段，项目才开始继续动工。

波士顿的查尔斯顿（Charlestown）海军码头再开发工程是对原本的海军船坞进行改建，占地面积达到45.2万平方米。当地的老旧建筑具有极高的历史价值。1978年，查尔斯顿海军码头项目开始规划，政府牵头成立的开发办，政府出资修建了公园，并对当地的基础设施进行了更新，随后交由私人资本进行开发。20世纪80年代，该项目已经完成了一半并投入使用，其中有不同类型的住宅共3300套，商业办公楼共计30万平方米。如今该地已经成为世界上有名的历史古遗迹景点。

多伦多港口开发工程是由中央政府投资在多伦多市修建的，总占地42.4万平方米，始建于1972年。中央政府原本想要修建一个海滨公园，丰富市民的休闲娱乐生活，但是当地市政府为了促进城市的综合开发，决定修建一个多功能开发区。市政府在1978年成立了开发机构，开始进行项目开发工作。

20 世纪 80 年代中期，有私人投资进入该项目修建高层住宅和商业办公楼，但是公众认为这类高层建筑会影响滨海的自然风光，因此高层项目不得不终止，改为绿地开发。分析这四个项目，其中经济效益最高的是纽约的炮台山公园，最低的则是伦敦港区。

滨海地区的开发能否吸引私人开发商是项目成败的关键。大部分滨海地区开发项目都是基于原港区建筑进行的更新和改建，而政府发起这些项目的目的在于通过新的项目带动全市的经济发展，因此这类项目最开始的投资者大都是政府，然后在项目启动之后，再吸引私人投资和开发商进入，盘活整个项目。美国巴尔的摩内港区的开发，最开始中央政府和市政府共同投资 5500 万美元，项目启动后吸引了约 4 亿美元私人投资，为项目的成功开发提供了资金保证。从以上这些例子我们可以得出结论，在一般的城市开发项目中，公共资本和私人资本要保持一定的比例。大部分项目都是先吸引小型开发商，待项目取得一定成绩后才能吸引到大的开发商，因此在项目开发初期，政府要重视对项目的扶持，平衡项目的商业效益和社会效益。只有项目早期取得各方面的突出成绩，才能在后续开发过程中吸引更多的资本和开发商进入，取得更大的效益。因此对于政府而言，需要选择合适的融资模式，有效吸引社会资本，同时平衡政府、市民、开发机构和投资机构的利益。

4. 重视持续管理，保持滨海地区的吸引力

项目的成功不仅依赖于前期的开发，还有后续的持续管理。例如，巴尔的摩内港区由港务局牵头组建了联合办公室，逐步实现了对该地区的规划，自 1964 年起工程启动，联合办公室不断对项目进行改进和优化，增加了许多建设项目，有效保证了该地区的吸引力。项目的前期主要通过调查分析市民的意见和市场的需求进行规划建设；而在维护管理过程中，则更加重视各相关单位的协同管理，共同出谋划策。联合办公室的主要作用就是为各单位交流合作、解决问题提供渠道和平台。联合办公室要选择最合适的开发代理商，要求代理商有开发经验，对市场有敏锐的洞察力，能够抓住市场需求及时推出新项目，保持项目整体的活力。开发办的负责人在项目管理中也有很重要的作用，他必须能够说服更多的开发商为项目投资，也要具有较高的决策力，

选择最合适的开发建议，制订合适的开发项目计划。

在项目开发计划实施过程中有以下几点需要注意：第一，市场调查是非常重要的工作，开发者要根据调查分析市场对建筑物功能和设计的需求，从而确定开发计划并实施。第二，征求开发方案时，最合适的方法是公开招标。方案的内容不仅包括城市设计和建筑设计方案，还应有策划方案、设计构思和开发步骤。第三，标书非常重要。规划部门是标书制定的主要负责人，标书中体现了政府部门对项目开发的主要要求和基本构思，因此也可以说标书就是项目开发的指导手册，因此意义重大。第四，政府要鼓励开发商在项目方案设计时与设计事务所进行合作，保证方案的可行性。第五，开发方案的确定要征求公众的意见，可以通过多次举办公众听证的形式引导公众参与方案确定过程。之所以如此，是因为项目开发要充分遵循公众的意见才能提前化解项目实施过程中可能出现的矛盾，保证项目顺利进行。此外，政府投资项目使用的资金本质上属于公众，因此公众有权参与决策过程。滨海城市开发项目不仅要实现经济效益，更要追求社会效益，并且要达到两者之间的平衡。

滨海地区的旅游开发是一个复杂的系统工程，负责该工程的主要是政府的旅游和规划部门。责任部门应当合理使用法律手段，以及政府投资、税收优惠、地价优惠等经济手段和行政手段来调控项目开发的方向和程序。在开发初期不仅要做好规划，还要实现物质规划、经济分析和管理实施三者的互通与结合，以减少项目开发和管理过程中出现问题。

第三节　滨海旅游业发展趋势

在我国，滨海旅游业属于新兴经济产业，是海洋产业中一种综合性经济产业。滨海旅游业投资少、见效快、经济效益和社会效益高，因此是我国沿海城市开发旅游业的重要方向。如今，我国十分重视旅游业的发展，各沿海城市也要抓住政策导向红利，寻找合适的方向开发滨海旅游资源，实现海洋经济的发展和腾飞。

一、滨海旅游业发展现状及趋势

（一）滨海旅游业发展现状

滨海旅游业不仅是我国旅游产业的重要内容，也是沿海城市海洋产业的主要构成。分析世界各国旅游产业可知，目前全球旅游业呈现出从中低端向高端发展、从重视观光向休闲度假体验发展、从传统旅游向现代旅游发展的明显趋势，而滨海旅游业显然已成为世界旅游市场的重要发展基地。

"《世界海岛旅游发展报告》显示，全球旅游业近13年来持续增长，海岛游是其中的重要组成部分。目前全世界范围内有超过70个海岛旅游国家和地区，超过40%的海岛旅游收入占当地GDP的20%以上，世界海岛旅游业出口总值达到610亿美元。数据显示，我国滨海旅游业全年实现增加值16 078亿元，比上年增长8.3%，占比47.8%。"[1]在海岛旅游迈入蓝海时代的背景下，国家出台了多项政策，促进我国海岛开发建设，大力发展海岛旅游经济。

国家发展和改革委员会、国土资源部、国家海洋局组织制定《全国海洋经济发展规划纲要》，明确海洋经济已经成为新兴的经济领域，在国民经济中占有重要地位，"滨海旅游"被列为重点发展的支柱性海洋产业。

我国海洋经济的健康持续发展，以及海洋生态文明建设有赖于海洋海岛旅游的发展，兴海富民的美好愿望的实现也要依靠滨海地区的发展来实现。滨海旅游区的发展离不开国家旅游局和海洋局的通力合作。2013年，国家旅游局与国家海洋局签署了《关于推动海洋旅游发展的合作框架协议》，足见国家对滨海旅游产业发展的重视。我国旅游业发展起步较晚，发展也比较缓慢，虽然滨海旅游产业有着巨大的发展潜力，沿海各城市政府也对其发展给予了重视，但是受到经济水平、政策、资金和消费水平等因素的影响，我国的滨海旅游开发尚处于较低水平。如今，我国滨海旅游、海岸带旅游、海洋旅游等开发活动进行得如火如荼。

"全国滨海旅游景点已达1500余个，中国滨海旅游产值仅次于海洋渔业，占海洋产业总产值的26.24%。在我国26个主要旅游城市中，12个是滨

---

[1] 刘焱.海岛旅游资源的地理特征与开发策略[J].中学地理教学参考，2022（6）：3.

海城市（大连、天津、青岛、上海、杭州、宁波、福州、厦门、深圳、珠海、广州、海口），这12个城市旅游企业的总营业收入达到444.7亿元，占当年全国旅游总收入的40.2%。"[①] 我国已经出现了如"浪漫之都"大连、"度假天堂"三亚、"南国明珠"北海等一系列滨海休闲城市。

我国滨海旅游行业是旅游业的重要组成部分，行业规模不断扩大，发展趋势也在不断向前。中国滨海旅游行业市场规模不断扩大，这主要归功于政府对滨海旅游业的支持。政府推出了一系列政策，以促进滨海旅游业的发展、建设海洋旅游景点。如2020年发布的《海洋旅游示范景点规划》提出，要实施海洋旅游示范景点建设，建设100个海洋旅游示范景点。

此外，政府还支持滨海旅游业产品的创新，以增强滨海旅游的吸引力。政府允许旅游服务商开发新的滨海旅游产品，以满足游客对全新的海洋体验的需求。例如，政府允许旅游服务商开发"海洋探险""海上漂流"等滨海旅游产品，满足游客对极限运动、海洋生态探索、沉浸式体验的需求。

（二）滨海旅游业发展趋势

中国滨海旅游业正处于快速发育的"少年期"。中国滨海旅游业与世界旅游业相比还存在较大的提升空间。随着我国对海洋产业重视程度的不断提升，我国滨海旅游产业也在飞速发展，很多沿海城市也开始积极响应国家政策，开发滨海旅游资源并进行科学的规划。未来，我国滨海旅游业将是旅游经济增长的重点，也会有较大幅度的发展。由此可见，未来一段时间内，我国优质滨海度假项目将会大批量增加，滨海旅游业也将迎来发展的春天。中国滨海旅游行业未来发展的趋势是积极的。继续促进滨海旅游的发展，将对滨海旅游行业的规模产生积极的影响。政府将继续支持滨海旅游业的发展，支持滨海旅游景点的建设，支持滨海旅游产品的创新，以及支持滨海旅游活动的开展。此外，政府还将积极推动滨海旅游业的科技创新，比如智能化管理和服务，以提升滨海旅游服务质量，提高游客体验。

[①] 王娜梅.浅论我国海洋渔业发展中的问题及对策[J].热带农业工程，2023，47（1）：140-142.

1. 景区加大投入

中国滨海景区还在改善和提升服务，提供体验产品，例如海边教育游乐场和仿真海洋栖息地等区域；增加服务项目，扩大景区内各种类型的居民居住区；加强游客安全防护与出行服务；大力开发滨海县镇旅游资源，推进滨海度假地的开发建设等。

2. 探索新模式

中国滨海旅游空间要求开发中兴模式，发展旅游形态，引导实施"互联网+"旅游发展战略，从而促进业态创新、成果分享，进行智慧化、节能环保开发，并探索建设我国滨海安全防护和旅游新模式，形成世界一流的旅游目的地。

3. 营造安全环境

滨海旅游的安全问题不容忽视，主管部门将重点加强旅游警察部队的力量，建立健全科学的旅游治理机制，充分发挥旅游部门的主导作用，形成完整的安全系统；加强突发情况的处理能力，确保旅游者的安全。

二、滨海旅游业区域开发布局和对策

近年来，我国滨海旅游业发展迅速，游客接待人数显著上升，带来了巨大的经济效益，旅游资源开发和配套基础设施建设也有了很大的进步。我国滨海旅游产业的发展要以国情为基础和出发点，重视东方特色的融入。为了将我国打造成滨海旅游发达国家，必须重视对旅游区域开发的布局，寻找有效的策略解决开发过程中出现的各种问题。

（一）开发布局

我国滨海地区有丰富的旅游资源，但是很多旅游资源尚处于无人问津的状态，开发的重点也集中在大型和中型城市。未来一段时间内，我国滨海旅游业发展要以这些城市为中心建设旅游带，抓住滨海旅游资源的特色合理进行规划与布局，分阶段、分主次地进行开发。具体而言可分为以下五个旅游带进行开发建设：

1. 环渤海滨海旅游带

该旅游带起于辽宁省丹东市，止于山东省日照市，其中包括大连、秦皇岛、青岛、烟台、威海等多个旅游城市。环渤海滨海旅游带旅游资源十分丰富，且具有较长的开发历史，地理位置优越，交通发达，有着较好的发展前景。该地区滨海旅游资源众多，种类丰富，有助于形成集旅游观光、水上运动、休闲疗养等功能于一体的大型旅游项目。此外，环渤海滨海旅游带与日本隔海相望，拥有较大的国际旅游客源优势。近期，对此旅游带的开发应集中在烟台、青岛、秦皇岛、大连、天津五个城市上，以大连金石滩和青岛石老人旅游开发区为核心，逐步开启对旅顺口的开发，快速推进国际航班的开通工作，打通青岛、大连与周边国家的航线。同时，也要重视配套旅游设施的建设，科学管理旅游项目、规划旅游资源开发计划，提高接待能力和接待水平；拓展当地旅游项目功能，在原有的避暑、休养、度假功能的基础上，逐渐开发和完善观光、游览、娱乐、体育等功能。

2. 以上海为中心的滨海旅游带

上海是世界十大港口之一，是我国经济最为发达的城市之一，它的地理位置十分优越。该旅游带除上海外，包含许多著名旅游城市，如连云港、温州、舟山等，有许多旅游景点和名胜古迹，海岛资源丰富，交通发达，具有较为成熟的海、陆、空交通运输线路，客源丰富。近期，以上海为中心的滨海旅游带开发重点应放在长三角开发区上，并尽快完善舟山群岛等岛屿的旅游设施建设；加大对上海和宁波等地的国际豪华游船旅游产业的投入，同时跟进配套服务、商业、游览、购物等设施的建设，进一步提升旅游集散力。

3. 福建滨海旅游带

福建滨海旅游带南起泉州、厦门，北至宁德，旅游资源十分丰富，中心在福州。这里是我国有名的侨乡，而且紧邻台湾，客源十分丰富。近期，福建滨海旅游带的发展要重视旅游资源开发的深度和广度，福建湄洲湾旅游开发区是建设的重点，要以此为核心带动整个旅游带的资源开发。

4. 以广州为中心的滨海旅游带

该旅游带的主要城市包括汕头、深圳、北海等，地理位置优越，交通便利。该区域内有许多自然旅游资源和人文旅游资源，且气候温和，十分适合户外旅行和娱乐。今后的发展重点在于国际旅游业的开发，大力开发东南亚、欧美等地的客源。近期的开发重点是广西北海银滩旅游开发区，要以此项目带动其他地区的旅游资源建设与开发，丰富旅游项目，建立多功能综合性旅游区。

5. 海南滨海旅游带

海南省有着浓郁的热带风情、独特的动植物资源和美丽的自然风光。冬季，此地也是我国乃至很多外国居民避寒的胜地。海南有着美丽的大岛屿，具有丰富的旅游资源，开发的重点在于海底观光、海底狩猎和潜水项目，在开发过程中要重视对国际先进开发经验的借鉴。

（二）开发对策

我国滨海旅游业拥有巨大的发展潜力，但是维持长期的发展需要从长远考虑，根据我国国情形成发展战略，对滨海旅游业的各个发展阶段进行科学的规划。

世界旅游市场竞争激烈，要想在国际市场上占据一席之地，就要提高经营管理水平、提升国际竞争力、重视专业人才的培养、学习先进的管理经验；同时还要把握国际国内市场的变化，并采取有效措施进行应对，提高滨海旅游产业的经营灵活性。

1. 深化改革，完善管理体制

滨海旅游产业开发有赖于管理体制的健全，在管理过程中要做到政企分开，引入市场经济运行机制，实现股份化和集团化，减少同行业间的恶性竞争，保证利益不外流。

2. 重视滨海旅游区的保护

滨海旅游业开发的主要目的在于提升经济效益，但是项目开发过程中负责人不能仅仅着眼于短期经济效益，而忽视长期的环境效益。滨海旅游项目要在开发的同时重视对资源和环境的保护，实现经济和环境的可持续发展。

3. 根据自身特点，开辟有特色的专项旅游

专项旅游是滨海地区发展旅游的重点，在专项旅游开发过程中要重视传统文化和民俗文化的融入。

4. 改变旅游产品结构，增强产品的吸引力

旅游活动中的主要内容之一就是购物。滨海旅游地区要重视旅游纪念品的开发与供给，给游客良好的旅游购物体验。旅游纪念品的设计与开发要重视滨海特色的凝聚与体现，重视质量和纪念价值的提升。

5. 加强宣传，开拓新客源市场

滨海旅游业在宣传方面尚存在不足，这也间接导致当地客源较为单一。因此，滨海地区要加大对旅游项目的宣传，要将当地的优质旅游资源和项目集中进行宣传，打造鲜明的旅游主题，在目标人群中形成一定规模的影响力。在客源开发方面，要扩大宣传区域，将客源扩展至欧洲、非洲、南美等地区。

第四章　滨海旅游业低碳化发展理论及路径

低碳经济的发展带动了一系列相关产业的发展，特别是对于飞速发展的旅游业来说，发展低碳旅游成为时代发展的诉求。随着时间的推移，低碳旅游的重要性日益受到人们的重视，我国滨海地区将节能减排理念融入旅游业，走上了低碳旅游的发展道路。滨海旅游业的大胆尝试对于我国发展低碳化旅游业具有十分重要的意义与作用。本章为滨海旅游业低碳化发展理论及路径，依次介绍了滨海旅游业低碳化发展政策、滨海旅游业低碳化发展体系、滨海旅游业低碳化发展现状、滨海旅游业低碳化发展路径四个方面的内容。

第一节　滨海旅游业低碳化发展政策

低碳旅游是一种深层次的环保旅游。滨海旅游业实现低碳化发展，不仅需要旅游者、旅游企业的实践，更需要国家政策的引导和支持。本书结合我国滨海地区当前低碳化旅游发展的现状，严格遵守我国相关法律规定，坚定地执行我国低碳旅游的战略规划，对滨海地区旅游业提出符合低碳化发展的公共政策建议。公共政策建议的主要内容有整体规划目标、财务政策、税务政策、奖励政策、考核制度等，以此来引导滨海低碳旅游建设，促进低碳旅游开发模式的建设。

一、我国滨海旅游业低碳化发展的公共政策构建

滨海旅游低碳化发展的公共政策是指促进滨海旅游业实现低碳化发展的公共政策体系，旨在帮助滨海旅游业实现低碳化发展。滨海旅游业发展需要旅游行政部门、海洋管理部门、旅游业经营单位与游客的共同努力，而公共政策的制定，为其提供了开展行动的理论依据与相关准则。公共政策对滨海旅游业的积极影响主要体现在以下四个方面：一是指明发展方向，对滨海低碳旅游发展起到促进与巩固作用。通过各项公共政策的制定和实施，为滨海旅游业的低碳化发展提供依据，引导、巩固和促进滨海旅游业的低碳化发展。二是用法律和规划的形式对滨海旅游业中的各要素进行监督、规划和协调，推动低碳化发展。三是加强低碳旅游的对外交流与合作，对外国先进的低碳技术进行引进，从而帮助滨海低碳旅游实现快速发展。四是对滨海旅游企业的经营管理进行指导，减少能耗，提高能源利用效率，引导旅游企业走低碳化发展道路。

（一）低碳旅游系统组成

在旅游的过程当中，我们充分利用低碳技术、推行低碳机制、进行低碳

旅游消费，从而获得更好的旅游体验，就是所谓的低碳旅游。低碳旅游是一种可持续发展的旅游新方式，能够从中获取更多的经济效益、环境效益以及社会效益。[1]低碳旅游也被称为绿色旅游，其对低碳经济的相关理念进行了借用，其基础为低污染、低能耗以及低排放。在低碳旅游中，节能减排的低碳经济理念并不是只体现在某一个方面，而是体现在方方面面，除了衣、食、住、行，购物与娱乐活动也是节能减排的重点关注对象。要想真正意义上构建良好的低碳旅游体系，就必须将低碳理念、低碳实践以及参与者这三者进行融合，只有将低碳的思想贯彻落实，才能真正推动低碳旅游业的发展。

在低碳旅游的过程中，处于指导地位的理论思想被称为低碳理念，而那些参与到低碳旅游建设当中，并能够从中获利的人被称为低碳参与者。在我国，低碳参与者主要有三类，分别为游客、旅游企业以及当地政府。其中，政府处于主导地位，主要职责为制定政策、营造氛围等；旅游企业起主体作用，旅游企业主要包括旅行社、旅游饭店、旅游景区、旅游交通企业等；旅游者发挥基础作用。低碳实践主要指低碳参与者在低碳理念指导下开展的一切实践活动，包括食、住、行、游、购、娱等全过程[2]。其包括诸多领域，例如民俗、旅馆、企业、交通、景区等。低碳理念、低碳实践以及低碳参与者之间之所以能够进行结合，公共政策的制定功不可没。也就是说，只有在相同政策的指引、规范与束缚之下，低碳参与者、实施者才能在低碳理念的引导下，对相关活动进行实施。

（二）滨海旅游业低碳化发展公共政策构建的总体思路框架

为了更好地帮助滨海建设低碳旅游业，就必须从多个角度制定多项政策，以保障、引导其建设。滨海低碳旅游需要的并非某一两项的政策，而是一整套的公共政策体系，如此才能确保滨海低碳旅游业的长足发展。公共政策体系的构建也需要遵循低碳理念，以其为指导思想，只有这样，公共政策的制定才能落到实处，而非纸上谈兵。在滨海低碳旅游的实践当中，低碳技术是

---

[1] 蔡萌，汪宇明.低碳旅游：一种新的旅游发展方式[J].旅游学刊，2010（1）：5.
[2] 郭蓉，吴长年，何芸.从生态旅游到低碳旅游——从理念到实践[J].环境保护科学，2011，37（2）：4.

关键，能够帮助景区、企业、旅馆、游客等落实低碳消费行为，从而促进滨海旅游业低碳化的发展。

滨海低碳旅游的发展需要严格遵守相关法律法规以及战略规划，制定的相关公共政策也必须符合国家低碳经济发展的整体要求。国家低碳经济发展作为低碳旅游发展的宏观背景而存在，对低碳旅游发展起着整体约束的作用。滨海旅游业需要对自身发展现状进行深入分析研究，对相关问题进行总结归纳，并对未来发展趋势进行预测，由此才能对低碳化旅游进行整体规划与统筹调控。在整体规划的要求下，政府、企业、游客需要积极践行低碳旅游政策。其中，针对政府，可以制定相应的考核标准与制度来对其进行约束；针对企业和游客，可以制定相关指南、奖励政策引导其践行低碳旅游。滨海低碳旅游的公共政策体系是一个完整的整体，里面涵盖的内容相辅相成、相互促进、不可分割。

（三）滨海旅游业低碳化发展公共政策构建途径

1. 出台滨海旅游低碳化发展的新政策

（1）制定沿海地区滨海旅游业低碳发展规划

滨海低碳旅游发展规划的建设，需要以低能耗、低排放、低污染为指导思想，兼顾景区、交通、游客、企业等相关要素，结合滨海低碳旅游发展现状以及未来发展趋势，以解决发展过程中出现的问题；需要明确减排的整体目标，对与滨海旅游业发展相关的各个要素进行减排目标的合理分配，此外还需要对沿海的多个省、自治区、直辖市进行合理分工，使其共同完成减排目标。在此基础上，明确重点任务与相关主体责任，构建领导、协调机制，对低碳旅游发展的具体实践内容做出详细规划。在制订相关行动计划与方案时，各沿海地区需要结合各自地区的发展特点，对计划的侧重点进行相应的调整。

对我国沿海地区滨海旅游业低碳化水平进行研究，我们可以发现，广东低碳化水平比较低，浙江、上海属于一般水平，比较高水平的是山东、辽宁、河北以及海南，而天津、广西、福建、江苏的低碳化水平最高。

根据不同地方的发展水平与地域特色，可以采用不同的手段进行节能减排。例如辽宁、山东、广东可以使用清洁能源以降低能耗，或者对基础设施进行低碳化建设，投放共享单车，增加低碳旅游线路，这些都是很好的节能减排手段。对于上海、浙江，主要手段为使用清洁能源，以减少碳排放。

对于江苏、广西、福建、河北等地，需要大力开发新的旅游资源或对旧旅游资源进行推陈出新，扩大旅游市场，提升吸引力。例如，为了减少碳排放，河北省不仅要广泛利用清洁能源以降低能耗，还需要提高废水、生活垃圾等的处理效率，增加绿化，增加环保投资等。而海南和广西，除了使用清洁能源之外，还要加强低碳设施的建设，例如，投放共享单车、增加低碳旅游线路等。福建省应着重加强低碳基础设施方面的建设。

（2）制定和实施滨海旅游业低碳认证制度

滨海低碳旅游业的发展需要多个部门共同保障，例如交通部门、环保部门、旅游部门、海洋行政管理部门等。在这些部门的共同研究下，科学、完善的评定标准与核算标准得以确定，该标准包含衣、食、住、行、休闲、购物、娱乐活动等方面的碳排放情况，具有操作性、针对性与可行性。与内陆地区的低碳旅游不同，滨海低碳旅游有着自身的发展特色，因此在核算标准当中应该有所体现。例如，在饮食方面需要考虑到海鲜，在交通方面需要考虑到邮轮等。此外，碳排放评定标准与核算标准的确定，也能够有效推动旅游业低碳认证制度的确立，促进滨海低碳旅游业的发展。

（3）制定滨海旅游业低碳化发展指导意见

滨海低碳旅游发展中的实践者包括许多群体，例如景区工作人员、旅游服务人员、游客以及相关企业等。他们的行为会对滨海低碳旅游的发展产生不可小觑的影响，为此，沿海地区需要有针对性地制定相关政策与指导意见，对实践者的行为进行引导与规范。

对旅游企业而言，需要引导游客遵守相关法律法规，在企业中采用"绿色管理"手段，充分运用低碳技术，研发低能耗、低消耗、低污染的绿色旅游产品。按照《节能减排统计监测及考核实施方案和办法》（国发〔2007〕36号），旅游企业污染减排"三大体系"得以确立，包括监测体系、节能减排统计以及考核体系。与此同时,旅游企业应接受社会人民群众的共同监督与检查,公开企业环境公报和社会责任公报。

旅行社需要对低碳化旅游进行积极响应并发起号召,对游客的衣、食、住、行、娱乐、购物等各个环节进行把控,促使游客在享受旅游的同时还能实现对低碳的追求。在滨海旅游交通方式选择方面,旅行社应运用低碳理念和管理方法科学规划滨海旅游交通路线,引导滨海旅游者选择合适的交通路线。在选择住宿时,旅行社需要尽量选择那些有绿色标签的农家乐、旅馆等,引导游客减少一次性用品的使用,以避免不必要的浪费。而在饮食方面,旅行社需要选择那些绿色的、以瓜果蔬菜为主的菜单,这不仅有助于游客保持身体健康,还减少了碳排放。在游览中,积极引导滨海旅游者不随意丢弃垃圾、不使用塑料袋、将垃圾分类。在娱乐活动中引导游客参加植树造林活动。

在旅游活动当中,重头戏当属游览景区了,因此沿海地区的相关旅游景区也是节能减排的一个重要环节。关于景区的低碳化,要从景区的建设开发时期开始,需要将低碳理念融入景区的开发建设当中,由此才能打好基础,始终践行低碳发展道路。低碳旅游景区需要重点关注以下内容:一是要严格控制旅游人数,不可超过环境的承载上限,对其中的游玩项目进行科学的规划与设置;二是积极使用绿色节能的建筑材料,大力使用新材料、新技术、新清洁能源,减少损耗;三是妥善处理旅游垃圾,减少污染;四是增加植被覆盖率,打造生态旅游景区;五是提高环境治理力度,对客流量进行合理评估。以环境友好的方式经营滨海旅游景区,如滨海旅游景区低碳办公,节约办公用电、用纸等;推行低碳交通方式,滨海旅游景区可以使用公共交通、自行车、电动车等,禁止或限制使用消耗化石能源的运输工具。要针对景区的工作人员进行环境保护方面的培训,使相关工作人员具备生态环境知识技能与旅游知识技能,成为低碳旅游环境下的优秀人才。目前我国沿海地区已有多处国家级森林公园,这对于促进滨海旅游业低碳化发展意义重大。

滨海旅游者在滨海旅游业低碳化发展中起重要作用。旅游业能在多大程度上实施低碳旅游理念,最终要由市场决定,也就是要看滨海旅游消费者能在多大程度上支持滨海旅游的低碳化发展。低碳滨海旅游者是指以滨海旅游活动零碳排放或低碳排放为标准，主动承担滨海旅游业节能减排的社会责任，自愿选择能耗少、污染小的滨海旅游体验过程的旅游者。[①] 在针对滨海旅游者制定的低碳旅游指南中，需要按照《全民节能减排手册——36项日常生活行为节能减排潜力量化指标》对游客的相关行为进行引导与约束，对于行程较远的旅游者，提倡其尽量减少游艇、飞机出行，可以选择公共交通或新能源汽车作为出行工具。对于距离较短的旅游者，可以骑自行车、电动车，或是采用步行的方式出行，这也能够有效减少碳排放。此外，滨海旅游者可以在住宿时自带洗漱用具，增强节水节电意识；在饮食中减少浪费，以当地食材为主，选择绿色食品，减少肉食摄入，自备餐具；在游览时不随意丢弃垃圾，不使用塑料袋，将垃圾分类；在娱乐活动中参加植树造林活动。

（4）制定滨海旅游低碳发展的奖励和财税政策

在发展滨海旅游业时，要加大对新能源、新材料、新技术使用的鼓励、激励力度，其中，奖励政策、补贴政策、税收政策、政府扶持资金的制定能够有效促进相关企业主动选择低碳材料、新能源与新技术。常用的低碳技术有森林碳汇、低碳交通等。

第一，制定和实施奖励政策。在督促、引导民众践行健康低碳行为时，奖励政策十分有效。因此可以实施发展滨海低碳化旅游业的相关鼓励政策，对相关人员、企业进行奖励。例如，对那些为低碳旅游做出了重大贡献的旅游企业、旅游景区、游客进行表彰，并给予一定的荣誉奖励或物质奖励。这些奖励政策的实施，一方面能够督促相关人员或单位积极践行低碳旅游，另一方面还能发挥榜样作用，树立先进典型，为社会公众起到模范带头作用，从而引发低碳旅游的浪潮，促使相关单位和游客用实际行动去践行低碳旅游，并参加低碳旅游的相关活动。

第二，制定和实施低碳税收政策。结合滨海低碳旅游各个环节当中的不同特点，可以先在一些旅游景区或宾馆酒店进行试点。通过试点示范工作，逐步摸索经验，之后扩展到整个滨海旅游业。同时，对于完成减排目标的企业、景区等，可以对其第二年减免一定比例的税收，以刺激旅游企业节能减排。

---

① 侯文亮，梁留科，司冬歌.低碳旅游基本概念体系研究[J].安阳师范学院学报，2010（2）：4.

第三，制定和实施财政补贴政策。对于旅游企业和滨海旅游景区，若采用新能源、节能设备，发展碳汇林业、碳汇渔业等，则给予财政补贴。除了享受国家现行的可再生能源专项补贴外，滨海旅游业可以通过财政补贴政策的制定增加额外的补贴，引导低碳技术在滨海旅游业中实现广泛应用。

第四，政府扶持资金。为了扶持旅游业，政府建立了相应的扶持性资金，包括旅游发展基金、旅游国债、国家扶贫资金、政策性银行贷款、旅游发展专项资金、国际金融组织和外国政府贷款。为更好地实现我国滨海旅游业低碳化的发展，这些扶持性资金在使用时可以适度向滨海低碳旅游倾斜。不同类型的扶持性资金，自身的特点与使用的方向有所差异。其中，旅游国债主要针对基础设施的建设，对于那些具有发展潜力的国家级、省级重点旅游项目进行重点投资。关于旅游宣传、行业规划、项目开放等所需要的资金，主要来源于旅游发展基金。旅游发展专项资金分为国家级、省级、市级、县级，主要用来完善旅游基础设施建设，改善旅游体验。此外，林业、水利、环保、文物等也都有各自的专项资金，用来实现相关项目的开发。国际金融组织和外国政府能够提供大额的长期低息贷款，适合大型的旅游项目的开发。当前，我国关于国际金融组织和外国政府贷款的相关政策以及管理措施已经较为完善，旅游开发商可以放心申请使用。至于那些经济欠发达地区，可以申请国家扶贫资金，但一般情况下，沿海地区并不满足该资金申请的基本条件。

（5）加大宣传教育，倡导滨海旅游低碳化发展

沿海地区的各个政府部门需要加强合作，加大滨海低碳旅游的宣传力度，打造绿色的生活方式，向人民大众传播绿色低碳的思想理念。例如，政府部门可以将低碳旅游、低碳生活、低碳经济的相关理念和知识投放到报纸、电视、网络当中，因为这些媒体受众面较广，能够起到很好的宣传作用，从而促使民众形成"低碳"的思维方式，在生活当中践行低碳环保理念，主动进行绿色消费，实现绿色低碳意识的强化，使人民的生活方式向着低碳生活的方向转变。

2. 引导建立低碳滨海旅游开发模式

低碳旅游产品包括观光体验型、主题领略型、文化推广型、康体度假型、

探险拓展型等,还包括影视型、都市复合型等。[①] 从旅游活动的区域而言,滨海地区旅游可分为滨海旅游、海岛旅游、远海旅游。各种旅游活动,需要旅游产品支撑,需要通过政策引导建立合理的开发模式。

（1）滨海型低碳旅游

滨海旅游区域大多集中在滨海地带,旅游的范围包括沿岸陆地以及近岸浅水海域。与海岛型、远海型旅游不同,滨海型旅游与陆地交叉,所面临的情况要复杂多变,因此对低碳旅游的管理也就相对来说比较复杂。在开展滨海型低碳旅游时,需要结合当地低碳经济的整体发展框架,对低碳旅游的范围进行划分。在这个区域当中,对碳排放进行重点监测与定量分析,从而制定相关指标。除此之外,需要对陆地上的低碳景区、绿色建筑、绿色饭店、低碳交通中所利用到的低碳技术进行借鉴利用,从而更好地对滨海区域的湿地、海洋、陆地进行保护,充分发挥海洋渔业资源的作用,以促进滨海区域附近的海产养殖业发展。

（2）海岛型低碳旅游

我国海岛分布广泛,地处温带、亚热带、热带,因此形成了不同的自然景观。大部分的海岛四季分明、气候宜人,十分适合进行旅游开发,且适合旅游的时间长达五六个月。但是这些海岛土壤贫瘠,不利于农作物生长,生态环境脆弱,一旦发生损害就难以恢复,且远离大陆,四面环海,资源较为匮乏。为此,就更加需要对其进行低碳发展引导,主要的引导方向包括以下内容:加大观光旅游的力度,度假旅游要适度,尽量减少垃圾污染；基础设施采用绿色低碳技术；引导低碳交通出行；打造绿色低碳的森林公园、海洋公园；加大对碳排放的监测力度,构建良好的碳循环指标体系；明确低碳管理考核指标；等等。

（3）远海型低碳旅游

进行远海旅游,轮船是不可缺少的交通工具。鉴于远海旅游的地点相对固定,故而可以使用邮轮作为主要的交通工具。同时需要加强对碳排放量的监控与分析,然后制定相应的管理措施。除此之外,要对邮轮上的生活设施、

---

① 俞棋文. 低碳旅游开发模式研究 [D]. 上海:华东师范大学,2010。

附属设施等进行低碳技术的融入，促使低碳旅游业获得进一步的保障。

二、我国滨海旅游业低碳化发展的政策

滨海旅游业低碳化发展是旅游业响应《联合国气候变化框架公约》的具体行动，也是海洋经济实现低碳化发展的需要。世界旅游组织的研究结果显示，旅游业二氧化碳排放量占人类活动所有二氧化碳排放量的 5%。我国滨海旅游国际收入占国家旅游业收入的 50% 以上。[①] 从这一方面讲，控制滨海旅游业碳排放量，实现滨海旅游业低碳化发展在我国具有现实需求。滨海旅游业低碳化发展需要贯彻落实国家、旅游行业和沿海地区制定的相关法规和政策。本书将从国家层面、旅游业行业层面和沿海地区三个层面，梳理促进我国滨海旅游业低碳化发展的法规、制度和规划等。

（一）国家层面适用于滨海旅游业低碳化发展的政策

滨海旅游业是国家旅游业的重要组成部分，其低碳化发展需要遵循国家制定的有关旅游业发展的法规和政策，具体包括《中华人民共和国旅游法》《国务院关于加快发展旅游业的意见》等。

1.《中华人民共和国旅游法》

《中华人民共和国旅游法》于 2018 年 10 月 26 日第二次修正发布实施，国家鼓励各类市场旅游业发展应当遵循社会效益、经济效益和生态效益相统一的原则。该法明确规定："主体在有效保护旅游资源的前提下，依法合理利用旅游资源。国家倡导健康、文明、环保的旅游方式。景区开放要求有必要的环境保护设施和生态保护措施。景区接待旅游者不得超过景区主管部门核定的最大承载量。"[②]

2.《国务院关于加快发展旅游业的意见》

《国务院关于加快发展旅游业的意见》是国务院于 2009 年印发的重要

---

① 刘明，吴珊珊，刘坤.中国滨海旅游业低碳化发展途径与政策研究 [M].北京：社会科学文献出版社，2017.

② 黄震方，葛军莲，储少莹.国家战略背景下旅游资源的理论内涵与科学问题 [J].自然资源学报，2020，35（7）：14.

文件。其在"主要任务"中规定,要积极推行旅游业的能源节约、水资源节约和减少排放的措施。"意见"中指出,积极探索和利用新型能源和材料,同时倡导并采用节能、节水和减排技术,这对于旅游业来说是非常必要的。另外,签署能源管理合同、进行高效照明升级改造等措施也需要大力推进,这些措施能够减少温室气体排放,促进循环经济发展,树立绿色、环保的企业形象。未来5年,我国减排目标是将星级饭店和A级旅游景区的水电消耗量减少20%。在保护旅游环境的前提下,各行业和部门应当思考如何合理控制景区游客的数量,严格执行旅游项目的环境影响评估制度,并同时确保土地、水土保持工作的落实。另外,国内还应大力推广可持续化的旅行方式,降低能源和资源的消耗,最大程度上减少对环境的负担。[1]

3.《国务院关于促进旅游业改革发展的若干意见》

该"意见"发布于2014年8月。它在"树立科学旅游观"中规定,要"积极营造良好的旅游环境……"。在旅游中重视节能工作和生态保护工作,要使旅游产业向着"集约型"发展。在"完善旅游发展政策"中规定,应当"集中力量开发建设一批新的自然生态环境良好……在国内外具有较强吸引力的精品景区和特色旅游目的地"。"意见"对各地政府作出保护生态资源的指示,要求各地政府在旅游业的发展上做好指引、计划工作,坚决杜绝"重复建设"引发的资源浪费问题。[2]

(二)旅游行业层面与滨海旅游业低碳化发展相关的政策

近年来,我国制定的部分旅游行业管理政策,包含适用于滨海旅游业低碳化发展的内容。

1.《关于旅游业应对气候变化问题的若干意见》

2008年11月,根据党中央、国务院对应对气候变化的要求,国家旅游局发布了《关于旅游业应对气候变化问题的若干意见》。该"意见"强调要不断推进绿色发展,并积极采取节能和减排措施。第一,应认识到旅游资源的

---

[1] 李敏瑞.探索旅游管理专业学生职业技能提高的方法[J].中华传奇,2019(20):1.
[2] 许庆勇.研学旅行学术研究综述[J].经济师,2020(10):4.

保护至关重要，不能只看重短期经济利益，需立足长远发展。需要明确旅游资源的过度开发是不可逆转的，另外，还要积极遏制气候变化的恶化。第二，要合理地利用旅游资源，采取科学的开发方法。在推进旅游业发展的过程中，应该将保护生态环境和减缓气候变化列为首要关注的因素，积极探索能够缓解气候变化的旅游发展途径。第三，要积极推动旅游企业节能减排。努力学习相关经验，收集各类旅游企业的排放情况，对其进行研究，旨在制定适用于旅游业的环保标准。第四，新能源的推广也应当得到重视和支持。为了符合环保原则，旅游企业应该采取措施实施清洁生产，减少能源、资源的浪费。同时，旅游企业应该推行循环经济和低碳经济，保证可持续发展。在较大的旅游景点，应当思考采用洁净、可再生的能源，鼓励使用环保型旅游交通工具，如电能或太阳能驱动的汽车，以提高旅游的环保水平。在乡村旅游地区，应当积极使用沼气等清洁能源。针对拥有优越风力资源的区域，应当利用风力资源，充分挖掘其发电潜力。旅游景区内的酒店和餐馆可以更积极地推广建筑节能技术，采用自然采光和新型能源取暖方式。第五，应该大力推广文明旅游，引导游客自觉地承担环保责任，维护生态环境的健康。①

2.《关于进一步推进旅游行业节能减排工作的指导意见》

为了更有效地推进旅游业的节能减排，国家旅游局在2010年颁布了《推进旅游业节能减排的指导建议》（以下简称《指导意见》）。《指导意见》指出，旅游业与环境密切相关，具备巨大的节能减排潜力。数据显示，我国目前拥有约1.4万家星级酒店，这些酒店每年耗电量高达174亿度，用水量则达到了9.2亿吨。五星级酒店平均每平方米建筑面积综合能耗约为60.87千克标准煤，相比较而言，四星级酒店的平均综合能耗约为47.29千克标准煤，而三星级酒店的平均综合能耗约为40.36千克标准煤。游客在A级旅游景区平均每次旅行消耗1.42度电和0.17立方米水资源。以上数据表明，在旅游业，还有很大的余地可以提高节能减排水平。因此，旅游业应当努力获取当地政府的关注，协调和整合相关部门的资源，以现有的节能减排政策为手段，推进自身可持

---

① 冯凌，陈达，高珊.应对气候变暖：中国旅游业的政策和行动（英文）[J].资源与生态学报：英文版，2019，10（1）：94-103.

续发展。还应该明确，星级酒店和 A 级旅游景区是旅游业节能减排工作的重中之重，其减排工作需要有针对性地进行、更加深入地推进。除此之外，还应主动探索符合当地实际情况的旅游企业能源节约和减排的评估机制。

《指导意见》指出，政府需加强引导，在推进旅游行业的节能减排方面做出努力，并逐步完善相关的激励政策；需要建立合作平台，促进节能服务公司和旅游企业之间的合作，实施合同能源管理政策，实现减少排放的目标；需要将全局目标细分为每年实际可行的能源节约和排放减少目标，并在每一年对星级饭店和 A 级旅游景区的节能减排成果进行评估；必须成立管理团队，专门负责推进节能减排工作，并将其纳入全年绩效考核范畴；需要根据各地实际情况，将能源节约和减少排放作为星级饭店、A 级旅游景区年度复评的重要评估标准。在条件允许的情况下，还应当为新建的饭店和景区设置符合节能减排要求的准入规定。①

3.《关于鼓励和引导民间资本投资旅游业的实施意见》

《关于鼓励和引导民间资本投资旅游业的实施意见》是国家旅游局于 2012 年 6 月印发的重要文件。文件中要求加速将旅游专利技术转化为实际应用的进程，促进新能源、新工艺和节能减排等当代科技成就在旅游领域中的应用，积极推行"智慧旅游"和"绿色旅游"模式。

4.《"十四五"旅游业发展规划》

《"十四五"旅游业发展规划》（以下简称《规划》）是国务院于 2021 年 12 月 22 日印发的重要文件，文件中根据"十三五"旅游业取得的成绩进行总结，评估了"十四五"旅游业面临的挑战和发展机遇，并据此确定了旅游业"十四五"发展目标。为了有效地实施计划，还制订了有力的行动方案。《规划》引起了业界广泛关注，特别是旅游业，其发展方案在《规划》中有详尽阐述，不仅明确了旅游业的前进方向，还激发了业内的信心，吸引了各界的资源。《规划》是引领旅游业发展的重要指导文件。

---

① 陈杰.2022 年各省市"十四五"节能减排综合工作方案汇总[J].保温材料与节能技术，2023（1）：15.

5. 加强旅游业标准化的规范性文件

2007年6月，国家旅游局发布了《中国优秀旅游城市检查标准》（2007年修订本）。其中衡量中国优秀旅游城市的指标有20个项目共1000分，这些指标包括诸多方面，如城市自然环境、景区开发、产品创新、住宿设施、餐饮服务、购物场所、文化娱乐和卫生设施等，这些指标都与低碳旅游密切相关。

2010年颁布实施的《国家生态旅游示范区建设与运营规范》（GB/T26362—2010），设置了多项与低碳旅游相关的要求。如"基础设施"部分要求："合理设计旅游运输路线与旅游路线，建设适宜生态旅游活动的多级别道路系统，鼓励采用自行车和徒步等非机动交通方式，使用低能耗、低排放量和清洁能源的交通工具。""综合管理"部分要求："实施物资采购的环保政策，从源头上进行控制，选择有社会责任感的供货商，优先利用可再生资源。执行环境友好的采购政策，采购具有绿色认证、安全认证标识的产品，区内使用生物可降解化学清洁剂，宜采购大包装的耗用品，不采购过度包装的商品，不采购不可降解塑料袋和餐盒，不采购废弃物处理困难的物资。""培训与教育"部分要求："采用多种方式对旅游者进行生态环境保护的宣传教育。教育游客在示范区内不随意抛撒垃圾，鼓励游客主动收集垃圾，倡导和鼓励保护环境行为，约束和惩罚破坏环境行为。"[①]

第二节 滨海旅游业低碳化发展体系

一、滨海旅游业低碳化发展体系的构成要素

滨海旅游业低碳化发展是低碳旅游的重要组成部分，低碳旅游是在低碳经济的背景下提出的，被认为是低碳经济发展的重要领域。在全球推行低碳经济的大背景下，低碳旅游的概念应运而生。

2003年2月24日，当时的英国首相布莱尔发表了白皮书演讲，发表了文

---

① 张雅菲. 生态旅游规划与旅游业的可持续发展研究[J]. 环境科学与管理，2022（005）：047.

件《我们能源的未来：创建低碳经济》，首次正式提出"低碳经济"的概念。[①]尽管如此，但英国并没有对低碳经济的概念加以界定，也没有给出可以在国际上进行比较的指标体系。通常来说，对低碳的理解可以分为三种情况：第一种是温室气体排放的增长速度小于地区生产总值的增长速度；第二种是零排放；第三种是绝对排放量的减少。实现以上三种情况低碳发展的前提条件是经济正增长（地区生产总值增长率大于零）。

低碳旅游产生于低碳经济，也是低碳经济的重要应用领域。滨海旅游业低碳化发展所涉及的概念中包括以下几个方面：

（一）滨海低碳旅游

作为一种旅游方式，滨海低碳旅游将场地限制在沿海地区，它是指在为旅游者提供完美服务的基础上，以减少温室气体排放为主的旅游方式。借助低碳技术、实施碳汇机制以及倡导低碳旅游消费方式等人性化制度，它成功创造了可持续的滨海旅游业发展新模式，带来了更大的经济、社会和环境效益。同时，它还拥有全新的滨海旅游方式和管理理念。实际上，滨海低碳旅游是一种创新的滨海旅游方式，其核心在于降低碳排放密度。

（二）滨海低碳旅游者

实现滨海旅游业的低碳化发展与旅游者的支持息息相关。只有在旅游者能够充分支持滨海低碳旅游的情况下，才能够促进滨海旅游业的低碳化发展。滨海低碳旅游者指那些采取积极措施来减少二氧化碳排放或者完全消除碳排放的旅游者。他们遵守滨海旅游业对节能减排责任的要求，注重环境保护，并在旅游活动中更加关注生态资源的可持续性和环保性。

（三）滨海低碳旅游产品

滨海低碳旅游产品旨在满足游客对低碳旅游的需求。该产品的主要设计标准是减少能源消耗和污染，包括提供舒适的体验项目、节约能源的住宿设施、环保的出行工具和简化的装备等。

[①] 侯文亮，梁留科，司冬歌.低碳旅游基本概念体系研究[J].安阳师范学院学报，2010（2）：4.

（四）低碳型滨海旅游景区

滨海旅游景区是指具有参观游览、休闲度假、康乐健身等功能，具备相应旅游服务设施并提供相应旅游服务的独立管理区。该管理区应有统一的经营管理机构和明确的地域范围，包括滨海公园、滨海风景名胜区、海滨浴场、海洋游乐园、海上休闲娱乐区、海洋动植物观赏、其他滨海游览与娱乐等各类滨海旅游景区。

低碳型滨海旅游景区是通过采用低碳化的建设和经营方式，以旅游为主要吸引点，为游客提供一个独立的空间区域，满足他们观光、休闲度假和锻炼等需求的景区。低碳滨海旅游景区通过运用低碳经济策略和绿色发展理念，以创新的技术、能源和管理方式进行建设、改造和运营，旨在实现从原有的滨海旅游模式转向更加环保、节能、可持续的发展方向。①

从低碳型滨海旅游景区的概念可以看出，低碳型滨海旅游景区至少具有三方面特征：第一，低能耗、低污染和低碳排放，这是低碳型滨海旅游景区必须具备的特征；第二，人性化的制度、能源技术创新与发展观念的转变，这是低碳型滨海旅游景区发展的必备条件；第三，滨海旅游景区发展的可持续性，这是低碳型滨海旅游景区建设的长远目标。

（五）滨海低碳旅游目的地

滨海低碳旅游目的地是指以低碳城市为依托，由低碳型滨海旅游景区组成，全面实施低碳旅游理念的旅游目的地。为了扩大低碳旅游目的地的规模，需要积极采取低碳发展理念，并在规划、发展、市场运营等方面实施相应的措施。

二、滨海旅游业低碳化发展体系中各要素间的关系

通过以上对滨海旅游业低碳化发展体系要素的概念阐述，可以厘清滨海旅游业低碳化发展体系基本要素之间的关系。低碳滨海旅游的基石是消费者群体中的滨海低碳旅游者。越来越多的游客在滨海地区展现了对低碳旅游产

---

① 李德山. 论低碳型旅游景区的建设 [D]. 西安：陕西师范大学，2010.

品的浓厚兴趣，同时他们的碳减排意识也在不断增强。为满足游客的需求，滨海地区正积极开发低碳旅游产品，并努力创建低碳型滨海旅游景区。低碳经济的发展趋势以及消费者日益增长的对低碳旅游的需求，将推动滨海低碳型旅游景区的发展，进而形成汇聚效应，使之成为低碳旅游的热门目的地。滨海旅游业的低碳化发展概念体系包含的所有概念要素在规模上呈现从下到上的减少趋势，而后发展程度依次深化，逐步成熟。下位概念是上位概念的基础，上位概念是下位概念的发展目标与趋势，整个概念体系贯穿低碳理念，最终实现滨海旅游业的转型升级。

三、滨海旅游业低碳化发展体系设置

（一）规划设置

1. 树立理念

为了推动滨海旅游业的低碳化发展，我们应当从旅游场所的规划与建设入手，遵循科学的低碳经济发展理念，打造绿色、低碳的旅游环境。针对不同的滨海旅游地自然资源环境，应当合理规划旅游场所建设，杜绝对自然资源的破坏。在建造酒店等休闲场所时，应该尽量与自然生态区保持一定的距离，且建造材料应当以自然环保材料为主，避免使用化工材料，建筑的风格也应当与自然景色相呼应。总而言之，低碳场所的秘诀在于秉持科学的低碳理念，依据地形特征和景观特点进行打造，体现自然的旅游风光。

2. 建立国际发展模式

为了使滨海旅游业跟上国际发展潮流并实现低碳化发展，我们需要借鉴国际先进的低碳经济发展模式，并结合本地区的资源环境和生态特点，适应世界经济社会的发展环境。同时，应深入思考如何最有效地分配滨海旅游资源，并建立可持续利用这些资源的系统。相关部门和行业应当仔细探究滨海地区在旅游规划与建设方面的先进经验，并高度关注生态保护观念。同时，还应当借鉴当地的建筑艺术，全面考虑生态旅游资源的规划和整合，精心打造独具特色的生态旅游区域。

3. 设置后的控制

为了确保滨海旅游业的低碳化发展体系能够持久地应用于滨海旅游区，需要进行长期的监测和控制，以保证其低碳设计的持久可靠性。为了全面了解滨海旅游资源的价值、市场潜力以及旅游开发对环境带来的影响，我们需要全面深入地进行研究和评估。政府应当采用有条不紊、逐步推进的计划方式，制定高起点、高标准、高水平的生态旅游发展规划，发挥指导作用。这些规划将用于指导和统筹滨海生态旅游资源的开发，同时预防在该过程中出现不道德的行为。另外，政府还需要完善以往的旅游资源开发计划，将资源和环境保护置于优先考虑的重要位置。

（二）生产设置

滨海旅游的可持续发展需要依赖对生产设置的再思考。传统的规模化建设已经过时，我们需要更加深入地探索滨海旅游区的文化特色，注重打造古典文化氛围，以此来吸引游客。应避免采用浮华夸张、浪费资源的仿古建筑，拒绝制造"假文化"的旅游产品。为了推动滨海旅游业向低碳化发展，必须确保旅游设施的制造过程符合生态保护标准。我们需要重点展示滨海自然景观的独特魅力，以吸引更多游客光临。此外，放松旅游的体验也应当被看作滨海旅游业向前发展的核心方向。在这方面的成功案例如青岛的滨海旅游业。为了在保证旅游趣味的前提下实施低碳政策，青岛政府着重保留了蕴含东方文化特色的旅游项目，将商务和会议旅游视为重要的发展方向，在此基础上还设置了一些环保的高端项目。除此之外，还有许多滨海旅游项目已经取得了显著成效，成为国内旅游行业的榜样。

与此同时，在开发沿海旅游产品时，也要重视环境保护。在挖掘本地特色时，应优先推广生态产品和滨海旅游纪念品。这些产品均应采用当地无污染的生态材料，还需要在产品设计上注重环保，加入相应的环保标识，以便提高游客对绿色环保的认识。为了成功发展生态旅游，需要实现多个部门的紧密联合，特别是要巩固政府与产业各环节的紧密联系，从而充分发挥政府的调节作用，通过内部合作和外部联络来促进产业的共同繁荣。应当增强景点和景区的联动，实现协同效应，积极与周边的沿海旅游城市合作，提高国际开放水平，并从旅游业的生产环节入手，长期调控滨海的低碳旅游业。

（三）消费设置

滨海旅游业的环境污染问题与旅游消费密不可分。游客们在滨海旅游地消费时，难以避免地会对环境造成污染，包括集体烧烤、缆车旅行等行为，其实都在不知不觉中污染了环境。目前，很多生态资源的破坏便是在这种无形的旅游消费的背景下不断扩大的。滨海旅游业应该增强低碳消费设施的建设，以减少旅游消费对环境的破坏。旅店可以采取简单的低碳消费措施来减少浪费，如削减提供一次性洗漱用品的数量等。通过各种手段，如标语、媒体报道等，向公众传递和宣传低碳消费的理念。另外，要促进低碳旅行，还可以从交通方面入手。总体而言，对旅游消费的管理目标在于增强旅游业内从业人员和游客对于开展低碳滨海旅游的重要性的认识，鼓励他们形成低碳理念，在经济、社会、生态三种效益上达到平衡，从而推动人类与自然间的和谐共生，强化对滨海自然资源的可持续管理和保护工作。

第三节　滨海旅游业低碳化发展现状

2019年中国主要海洋产业保持稳步增长，全年实现增加值35 724亿元，比上年增长7.5%。滨海旅游业作为海洋经济发展的支柱产业，其增加值占主要海洋产业增加值的比重为50.6%。[①]

目前，我国已经施行多种环境保护政策和旅游业发展支持措施，这些举措对于促进沿海地区的旅游业低碳化发展来说有着至关重要的作用。有关这方面的政策包括《关于旅游业应对气候变化问题的若干意见》《绿色旅游饭店标准》等。

此外，为了规范旅游业的发展并推动其向低碳化方向转型，沿海地区也制定了多项旨在适应各自特定情况的政策。自2023年4月起，广东省开始实施新政策，要求星级酒店不得提供一次性日用消费品。这个措施被视为绿色

---

① 自然资源部.2019年中国海洋经济统计公报发布[EB/OL].(2020-05-09)[2023-06-21]. https://m.thepaper.cn/baijiahao_7310318.

环保的重要考核指标。《海南国际旅游岛建设发展规划纲要》鼓励积极采取低碳经济措施，全面推广低碳旅游。另外，上海和福建的文化和旅游局也分别发布了对旅游饭店业和星级酒店业的减碳政策。

数据显示，我国滨海旅游业的碳排放量达到了 22 966 万吨，在整个旅游业中占据较大比例。滨海地区的旅游业在整个国内旅游业的碳排放量中大约占据 4%。[①]

在为沿海旅游业制定低碳发展规划时，应当全面了解实际情况。在推进低碳技术发展的同时，我们需要综合考虑旅游业、景区、交通、酒店和游客等各方面的因素，以遵循低能耗、低污染的综合指导原则。政府应当制定明确的减碳和减排计划，确保在滨海旅游业相关的交通、住宿和旅游活动等领域，目标分配合理并且具体可行。同时，也需要公平分配沿海各省、自治区、直辖市的减排目标，对关键性任务进行清晰的规定，从而推进滨海旅游业的低碳化发展目标的实现。

针对滨海旅游业的交通、住宿、餐饮等方面的碳排放情况，国家海洋行政管理部门和其他相关部门制定了一系列严格的评估标准。这些标准科学、完善，易于操作，可用于评定和分级滨海旅游业的低碳水平。在制定滨海旅游业低碳化发展标准时，政府还特别考虑了滨海地区的独特属性。例如，为凸显低碳核算特色，旅游酒店强调滨海海鲜的低碳核算，旅游交通中，则重视海洋交通的低碳计算。政府还积极促进低碳旅游在沿海地区的推广，并建立了一套严格的低碳标志认证体系。这个体系基于科学合理的碳排放核算标准和评定分级标准，确保推广的低碳旅游方案真正符合环保要求。

沿海地区应当推广并实施旅游碳减排的措施和政策。那些在推动滨海地区旅游业实现低碳化发展方面做出杰出贡献的旅游企业、景区和游客，应该受到表彰和奖励。另外，政府可以实行财税优惠政策来促进低碳旅游发展，其中包括通过税收、政策补助和政府资金支持等措施，促进低碳技术的应用，并推广新型材料和新型能源。政府还应考虑滨海旅游业各个方面的特点，将试点项目集中于旅游住宿、旅游景区以及海洋旅游交通等领域。

---

① 刘明.低碳发展滨海旅游[EB/OL].（2023-03-28）[2023-06-21]. https：//www.malupang.com/haowen/show-34355966.html.

第四节 滨海旅游业低碳化发展路径

对于实现滨海旅游业低碳化发展的路径，从治理的实施者角度来看，则需要重点发挥政府、旅游企业和旅游者的作用。从治理的对象角度来看，则需要从交通、住宿、娱乐、购物、游览和餐饮等要素出发，提出降低滨海旅游业碳排放的路径。滨海旅游交通是滨海旅游业减排的关键行业，其碳排放量主要受到出游的交通方式、距离等因素的影响。购物、住宿、娱乐、游览和餐饮都是在滨海景区内进行，并且滨海景区内也涉及一部分旅游交通。因此，发展低碳旅游交通和科学规划滨海低碳旅游景区是实现滨海旅游业低碳化发展的关键路径。从滨海旅游业低碳化发展的治理实施者及治理对象两个角度出发，针对滨海旅游业食、住、行、游、购、娱六要素，研究实现滨海旅游业低碳化发展的路径。

一、发挥政府、旅游企业和旅游者的作用

政府、旅游企业和游客需共同努力，采取行动促进滨海旅游业朝低碳化方向发展。政府主管部门有责任引导和监管滨海旅游行业，制定和实施相关规划、法规和政策，营造优良的宏观环境，推进旅游行业可持续和低碳化发展。另外，在推进滨海旅游业低碳化发展的过程中，旅游企业也肩负着主要的责任。旅游者在滨海地区旅游时，也应该积极地接受低碳旅游的理念，并在实际行动中践行。

（一）充分发挥政府的主导作用

为了促进滨海旅游业向低碳化方向发展，需要中央和沿海地方政府担负主要责任，制定相关政策来指导和支持该行业的转型。

1.发挥政府的宏观调控作用

沿海地区政府应当做好规划工作，推广低碳化发展理念，促进滨海旅游业的可持续发展。应当采取政策手段，引导旅游企业和游客改变行为方式，推动该地区旅游业向低碳化方向转型。对于碳税制度，政府部门也应当稳步

推进。由此,旅游企业将会根据它们对资源的使用、环境破坏程度以及污染程度等因素,缴纳相应的环境资源税。这些税种可包括碳税、污染产品税和排污税等。为了支持使用可再生能源的旅游企业,可以推出税收折扣或财政补贴等支持政策。这些可再生能源包括太阳能、水能、风能等。政府应当要求企业及时缴纳税金,遵守相应的法律法规,从而促进低碳旅游业的快速发展。此外,政府主管部门还需完善旅游行业市场准入标准,并制定可以衡量低碳旅游的具体指标和规范,加强对滨海旅游景区及相关企业的低碳考核与管理。

2. 科学规划滨海旅游景区的游客最大承载量

《景区最大承载量核定导则》(以下简称为《导则》)于2015年1月10日由国家旅游局发布。景区最大承载量是指在保障游客安全及维护景区资源和环境安全的前提下,景区可容纳的最大人数。《导则》中规定了一套明确的计算方式,可用于确定景区的最大接待能力。

针对滨海旅游景区,应该考虑现有的国家、地方和行业的法规、政策和准则,综合运用理论和实践,确定旅游者的最大承载量,具体可以从定性和定量两个方面入手。在滨海旅游景区进行开发之前,应当详细地进行科学的论证,全面评估和规划未来旅游的规模。这样可以保证游客数量得到有效的控制,不会超出旅游环境可承载的限制。为了限制游客数量、管理入区人群流量,滨海旅游景区可以引入一系列监测措施,例如安装门禁票务系统、景点实时监测系统等。

3. 在全社会营造低碳氛围

政府主管部门在推动、引导低碳行为和传播低碳理念方面应承担重要职责。政府应该利用网络和媒体等渠道,积极宣传低碳生活方式,以塑造民众的环保意识和素养。采用这种方法有助于鼓励更多人选择环保型的旅游方式,增强滨海旅游者的低碳旅游意识。

沿海地区政府在增强低碳旅游意识中承担主体责任。政府部门应发挥好宣传的作用,充分发挥电视、广播、报刊、网站等多种公共媒体的作用,大力宣传普及气候变化、环境保护、低碳旅游、节能减排的知识,让节能减排融入政府的执政理念，融入企业的发展道路中，融入大众的具体行动中。动员多方面宣传力量，使更多的公民能够了解环境知识，并认识到低碳旅游在社会中的重要性。还要让旅游者明白，个人旅行所带来的影响对节能减排有着不可忽视的作用。因此，我们需要向旅游者推广低碳旅游消费和碳补偿的具体措施，让他们充分认识到自己承担的社会责任。如制作低碳旅游公益广告，在电视上广为传播；通过低碳旅游网站发布低碳资讯，提供低碳旅游指南等。进行环保教育和扩展低碳旅游文化，能够让大众了解碳排放行为带来的威胁和全球气候变暖所带来的负面影响，能够使他们了解如何享受低碳旅游，意识到采取这种行动的紧迫性，并自觉承担减少能源消耗和排放的任务和责任。

政府应当制定实际可行的环保标准，帮助企业应对能源和排放方面的挑战，并提供必要的协助和支持。另外，还可以通过奖励号召旅游从业者采用环保措施来减少能源消耗和碳排放。可激励他们转变商业模式，并为环保旅游企业提供低碳认证。政府需要加强培训机制，提升旅游业从业人员的环保素质，以满足游客对可持续旅游服务和资源的需求。为了增强影响力，政府还应该与环保组织以及社区等力量合作，从而推进节能减排工作。

（二）发挥旅游企业的主体作用

1. 旅游企业内部建立低碳旅游的长效管理机制

旅游企业应当严格遵守节能环保方面的相关法律法规。建立健全节能减排的统计、考核、监测体系，主动淘汰落后产能，努力向社会提供环境污染较少、资源消耗较少的绿色产品。同时，积极接受社会的监督，建立定期发布社会责任公报的制度。通过遵守法律法规、利用政策支持、建立监测考核机制以及公开企业社会责任信息，旅游企业可以提升自身的环境保护管理水平，注重资源的节约利用和减少环境污染，进一步推动行业的可持续发展。这些举措不仅符合法律要求，还有助于企业树立良好形象，增强企业竞争力，并为社会和环境保护做出积极贡献。

2. 鼓励和开展低碳技术创新

技术创新是实现碳减排的关键措施之一，特别是对于旅游企业来说，技术创新在节能减排方面扮演着重要角色。为了降低碳排放，旅游企业应当加强在节能减排领域进行技术创新的努力。其中，重点是减少污染物的排放，实现废弃物的再循环利用，以及降低旅游产品生产过程中的资源和能源消耗。通过引入先进的环保技术和工艺，旅游企业可以有效地减少污染物的排放，如采用低碳排放的交通工具，改善能源效率，并实施清洁能源替代方案。同时，积极推行废物分类和再利用措施，减少废弃物的产生，实现资源的循环利用。此外，还应加快研发和使用低碳能源的旅游交通工具，如电动汽车、混合动力船只等，以减少对化石能源的依赖。

3. 树立低碳旅游经营理念

旅游企业应当充分认识到低碳旅游的重要性，以节约资源和减少碳排放为基础，根据低碳旅游理念进行经营。这需要全方位地改变思维方式，从员工到管理层都应培养低碳意识，并支持员工提出和贯彻低碳创新的想法。通过这种方式，企业整体将逐步实现向低碳化转型。贯彻实施低碳旅游理念，从而减少能源消耗、废弃物产生以及对自然环境的影响，达到可持续经营和保护生态环境的目标。因此，将低碳旅游理念贯穿于经营管理中对于旅游企业的可持续发展至关重要。企业应在内部形成低碳文化，强调低碳价值观，将低碳旅游理念渗透至产品设计、运营和宣传过程中，以此引领企业在低碳旅游领域取得持久的发展和市场竞争优势。

4. 旅游企业承担着增强低碳旅游意识的重任

旅游企业承担着增强低碳旅游意识的重任。通过减少碳排放、节约能源、引导消费者选择低碳出行方式，旅游企业能够在可持续发展和环境保护方面发挥重要作用，推动低碳旅游的实践和普及。旅游企业通过组织培训和教育活动，可以提高员工对低碳旅游的认识。通过加强员工的环境保护和低碳知识，促使他们在工作中积极实践和传递低碳旅游理念。旅游企业工作人员可以通过口头交流、宣传资料、社交媒体等渠道向旅游者提供低碳旅游的相关知识。旅行社可以整合和设计低碳旅游产品，鼓励旅游者选择环保和可持续的旅游活动，如参观和支持当地的生态保护项目或参与社区活动等，积极营造良好的低碳旅游氛围，也可邀请有社会影响力的个人或团队开展低碳旅游宣传，提高社会影响力。

5. 大力开发滨海低碳旅游产品

滨海低碳旅游产品的开发具体包括低碳旅游餐饮产品开发、低碳旅游交通产品开发、低碳旅游购物产品开发和低碳旅游住宿产品开发。

（1）低碳旅游餐饮产品开发

在开发滨海低碳旅游产品时，要研究地区特色，了解滨海地区的海鲜资源、农产品和食材特点。选择符合环保和可持续发展标准的食材，创新菜单设计，将地方特色与低碳理念结合，利用当地独特的食材和烹饪技艺，开发出既美味又环保的低碳菜肴。鼓励旅游者选择健康、环保的饮食方式，如多摄入蔬菜、水果、谷物，减少肉类和加工食品的摄入，并推崇当地的传统饮食方式。此外，需要减少一次性餐具和塑料制品的使用，提供可重复使用的餐具和杯子，鼓励旅游者自带环保餐具，并提供充足的可回收和可降解的选项，同时进行垃圾分类指导。通过与当地社区合作，建立可持续供应链，支持当地农民和渔民的发展，保护传统的渔业和农业文化。通过以上措施，滨海地区能够提供健康、环保的餐饮，并促进可持续发展和低碳旅游的实践。

（2）低碳旅游交通产品开发

低碳旅游交通产品的开发需要通过探索新能源、推动技术创新、改变旅游观念和转变交通方式来解决高能源利用效率和清洁能源结构的问题。只有在这些方面取得积极的进展，才能实现低碳旅游交通的目标。滨海旅游和客运中的机动游船是主要的交通工具之一。为了降低碳排放和成本，需要减少使用燃油的机动船的数量，并积极发展太阳能、氢能等清洁能源技术。同时，航空业需要进行技术革新，提高燃料利用率，并采用更有效的航空交通管理办法。这可以帮助减少航空业的碳排放，并推动航空交通朝着更环保的方向发展。此外，要提倡无碳或低碳交通方式，如推广自行车、公共汽车和电动车等。

（3）低碳旅游购物产品开发

低碳旅游发展模式鼓励购买当地特色产品和纪念品，以减少对当地环境和资源的破坏。因此，低碳滨海旅游购物产品开发包括打造特色品牌、实现生态化生产和建立专门营销点，以减少碳排放并集中生产和营销，提高游客购物效率。

（4）低碳旅游住宿产品开发

低碳旅游住宿产品的发展需要酒店坚持"绿色酒店"经营模式，深入了解自身能源消耗情况，并制订全方位的能源管理计划。酒店要积极利用可再生能源，如太阳能和风能等，以减少对传统能源的依赖。通过采用节水器具和能源高效设备，以及鼓励客人合理使用水电资源，酒店可以降低能源消耗和环境压力。同时，还应采用先进的节能技术，如智能照明系统、高效空调设备等，以提高能源效率并减少能源浪费。此外，鼓励客人减少使用塑料袋、一次性餐具等一次性物品，推广环保杯具和餐具，以减少废弃物产生和资源浪费。

（三）滨海旅游者是滨海旅游业低碳化发展的践行者

滨海旅游业实施低碳旅游的程度由市场最终决定，同时也要看滨海旅游者支持滨海旅游业低碳化发展的程度。滨海旅游市场由滨海旅游者的消费意愿和消费能力决定，滨海旅游者是否选择低碳旅游产品，决定着旅游企业提供旅游产品的方向和动力，同时也激励着政府推动滨海旅游业低碳化发展。根据科技部社会发展科技司的研究结论："若中国积极参与节能减排 36 项日常生活行为，每年节能总量约为 7700 万吨标准煤，二氧化碳减排约为 2 亿吨。"[①] 由此不难发现，我国沿海地区滨海旅游者有巨大的节能减排潜力，应践行低碳化的旅游消费方式，包括低碳饮食、低碳住宿、低碳交通和低碳购物。

1. 低碳饮食

根据科技部测算，少消耗 0.5 千克粮食（以水稻为例），可节能约 0.18 千

---

① 科学技术部社会发展科技司. 全民节能减排实用手册[M].北京：社会科学文献出版社，2023：38.

克标准煤，相应减排二氧化碳 0.47 千克。[①] 旅游企业特别是餐饮业，应尽量选择使用当地生产的食材和海鲜，减少运输过程中的碳排放。使用当地食材不仅可以支持当地农业和渔业，还能品尝到地道的美食，体验当地的风味。同时，大力宣传低碳饮食对减少碳排量的作用，为旅游者介绍肉类的生产过程会产生大量的温室气体，以及低碳饮食为主导的科学平衡膳食等相关知识。尽量选择素食或减少肉类消费，改为选择海鲜、植物蛋白等替代品，以降低碳排放。

2. 低碳住宿

研究表明，如果每台空调在国家提倡的 26℃ 基础上调高 1℃，每年可节电 22 度，相应减排二氧化碳 21 千克。如果全国沿海地区的空调都采取这一措施，那么每年可节电约 1700 万度，减排二氧化碳约 1600 万吨。如果旅游者能够自觉调控空调温度至合理范围，就是在践行低碳滨海旅游的理念。[②] 旅行社在推动滨海旅游者实践低碳住宿方面可以采取多种措施。通过加大对生态住宿产品的开发力度，详细宣传低碳住宿的重要性以及相关的实施路径，有效地引导滨海旅游者选择低碳住宿，减少碳排放，促进可持续发展。例如，在宾馆服务指南中详细介绍有关启用空调和电器的节能提示，鼓励游客重复使用毛巾和床单，以减少洗涤频率，推广节能灯具等低碳住宿的实践路径等。

3. 低碳交通

滨海旅游者通常通过滨海旅游景区内部的交通方式、在滨海旅游目的地出行的各种交通方式、由外地进入滨海目的地的交通方式出行。针对这三种不同的方式，可以通过与碳补偿计划和低排放交通公司合作，建设自行车旅游专线，推广步行、骑行和公共交通等低碳交通方式，来积极推动生态旅游线路和配套设施的建设，以实现在滨海旅游业中减少碳排放，为可持续的滨海旅游发展做出贡献。

[①] 王玉. 零碳生活指南——食篇 [J]. 少年科普世界，2010（10）：2.
[②] 科学技术部社会发展科技司. 全民节能减排实用手册 [M]. 北京：社会科学文献出版社，2023.

4.低碳购物

旅行社在滨海旅游者的购物过程中扮演着非常重要的角色。旅行社可以与当地商品生产部门合作,开发更多的低碳旅游物品;还可以与当地艺术家、手工艺人和农民合作,生产和销售以可持续材料和生产方法制作的商品。这样做不仅可以提供给游客更多低碳选择,还有助于支持当地经济和社区的发展。同时,旅行社可以通过宣传和教育活动,向旅游者强调低碳购物的重要性。例如,可以为旅游者提供关于低碳购物的信息手册,包括如何选择环保和可持续商品,鼓励他们购买使用可再生材料制作的无污染或低污染的产品。此外,商品销售部门可以积极寻找和采购本地生产的商品,减少商品运输环节造成的碳排放。旅行社可以与当地生产商合作,建立可持续采购合作关系,优先选择可再生材料和可回收包装的商品,并设置清晰的标识,方便旅游者识别和选择低碳商品。

二、科学规划和建设潜在滨海旅游区为低碳滨海旅游景区

(一)潜在滨海旅游区概况

我国背靠欧亚大陆,面向浩瀚的太平洋,有约300万平方千米的可管辖海域,1.8万千米的大陆海岸线,6500多个面积大于500平方米的岛屿,海陆的相互作用和人类活动,形成了类型多样的滨海旅游资源。[1] 潜在滨海旅游区是指具备一定的自然和人文资源,并有潜力发展成为滨海旅游目的地的地区。这些地区可能尚未进行充分的旅游开发,或者旅游产业尚未完全成熟,但具备吸引游客的条件和潜力。潜在滨海旅游区通常拥有丰富的海洋景观,如美丽的海滩、壮观的海岛、迷人的海岸线等。同时,这些地区还可能具备浓厚的海洋文化和历史底蕴,如具有悠久历史的渔村、古老的海上贸易港口等。潜在滨海旅游区的发展需要综合考虑自然环境保护、基础设施建设、旅游产品开发、宣传推广等方面的因素,以吸引游客、促进地区经济发展和提升居

---

[1] 陈自强."极端环境下海洋工程装备动力系统开发与管理技术"专题序言[J].装备环境工程,2018,15(12):1.

民生活质量。这些地区的发展潜力各不相同，取决于当地的资源优势、管理能力和市场需求等。

1. 潜在滨海旅游区的类型

我国潜在滨海旅游区主要有 7 种类型：

第一，海岛综合旅游区，依托海岛及其周围海域而形成的旅游区域，以海上观光和邮轮旅游为主要内容。该旅游区提供海上观光船、邮轮旅游路线以及相关的配套设施，并提供多种形式的旅游活动。

第二，生态滨海旅游区，其主要功能是保护自然环境并满足当地居民的生活需求。该旅游区着重于保护和展示海洋生态系统的独特性和生物多样性。这个地区包括海洋自然保护区、海岛保护区、海龟保护区等滨海空间或地域。

第三，观光滨海旅游区，以观光、游览自然风光和名胜古迹为主要功能的滨海空间或地域。

第四，度假滨海旅游区，以度假休养为主要功能的滨海空间或地域。

第五，游艇旅游区，以游艇活动为主要功能的滨海空间或地域。

第六，特种运动滨海旅游区，以竞技性和强烈个人体验的旅游活动为主要功能的滨海空间或地域。

第七，休闲渔业滨海旅游区，是以渔村文化和渔业活动为主题的旅游区域。该旅游区的主要功能是将海洋渔业和现代旅游相结合，提供众多体验项目。这些项目包括渔港观光，让游客有机会参观渔港，了解渔业的日常运作；渔船体验，允许游客登上渔船，亲身参与渔业活动；品尝海鲜美食，让游客享受新鲜海鲜的味道。这个旅游区提供了独特的滨海空间或地域，在保护渔村文化的同时，让游客能够体验渔业和享受海洋的魅力。

2. 潜在滨海旅游区的功能定位

潜在滨海旅游区根据功能可分为重点开发区、引导开发区、适度开发区、禁止开发区四类。

（1）重点开发区

重点开发区是指有一定的旅游资源开发基础或已经初步开发，资源环境承载能力较强、区域旅游发展战略明确的旅游区。这类旅游区应当按照区域旅游发展战略加大开发力度，注重旅游资源的挖掘和创新，丰富旅游产品，提升旅游产品品质，加强旅游市场的扩展，提升旅游吸引力，逐渐发展成为滨海地区的重要旅游目的地。

（2）引导开发区

引导开发区是指区内旅游资源开发处于起步阶段或者未进行开发，资源环境承载能力一般、区域旅游发展战略明确的旅游区。这类旅游区应当按照区域旅游发展战略，通过政策引导、开发模式引导，促进区内旅游资源开发。当条件具备时，可向重点开发区转变。

（3）适度开发区

适度开发区是指潜在滨海旅游区中以自然保护区、海洋特别保护区为主体的旅游区。这类旅游区进行保护型开发，重点是发展滨海生态旅游。

（4）禁止开发区

禁止开发区是指区内旅游资源未进行开发，近期区域旅游发展战略不明确的旅游区。这类潜在滨海旅游区近期实行严格的保护政策，不进行任何开发活动。

（二）低碳滨海旅游景区管理体系建设

1. 政策体系和行业标准

（1）低碳滨海旅游景区的政策体系

低碳滨海旅游景区建设是一项系统性的工程，健全的政策体系和行业标准具有重要作用。因此，建立有效的低碳滨海旅游景区的政策体系至关重要。这个政策体系需要政府层面制定相关的法规和政策。同时，社会层面需要推动低碳生活理念的宣传和普及，鼓励公众参与低碳旅游活动。旅游企业层面需要积极响应政府政策，减少能源消耗、优化资源利用，推行可持续的经营模式。只有在政府、社会和旅游企业的共同努力下，才能实现低碳滨海旅游景区的可持续发展。由此可见，政府、旅游企业和社会三个层面的政策体系是低碳滨海旅游政策体系的主要构成要素。

政府层面的低碳旅游政策包括严格遵守我国已发布的有关低碳经济、低碳旅游方面的法律法规，如《中华人民共和国节约能源法》《中华人民共和国可再生能源法》《中华人民共和国清洁生产促进法》《城市生活垃圾处理及污染防治技术政策》《中华人民共和国固体废物污染环境防治法》等。

旅游企业层面的低碳旅游政策包括建立旅游企业环境影响评价制度，加强和完善旅游项目的审查制度，在旅游企业中大力提倡低消耗、低排放、低污染的发展模式；引入旅游景区低碳化等级评定制度；对旅游从业人员进行低碳知识、低碳态度和低碳技能的培训。

社会层面的低碳旅游政策体系包括制定低碳旅游宣传政策，增强公众环保责任感；完善低碳旅游的消费政策和制度体系，鼓励低碳旅游活动和低碳消费方式。

除了国家和地方的政策外，旅游景区也应依据本地实际情况，制定和出台相关的规范，推进旅游景区低碳化发展。

（2）低碳滨海旅游景区的行业标准体系建设

我国目前现有的旅游行业标准包括四大类，分别为旅游饭店标准、旅行社类标准、旅游交通类标准和旅游景区类标准（表4-4-1）。

表 4-4-1　我国旅游行业标准体系

分类	名称	编号
旅游饭店标准	《旅游饭店用公共信息图形符号》	LB/T 001—1995
	《星级饭店客房客用品质量与配备要求》	LB/T 003—1996
	《绿色饭店等级评定规定》	SB/T 10356—2002
	《酒店迎送礼仪标准》	JD/L Y001—2003
	《旅游涉外饭店星级的划分及评定》	JD/L Y016—2003
	《饭店业星级服务人员资格条件》	SB/T 10420—2007

续表

分类	名称	编号
旅游饭店标准	《中华人民共和国旅游涉外饭店星级评定检查员制度》	JD/L Y018—2003
	《绿色旅游饭店》	LB/T 007—2006
	《中华人民共和国评定旅游（涉外）饭店星级的规定》	JD/L Y017—2003
	《饭店业星级侍酒师条件》	SB/T 10479—2008
	《餐饮企业经营规范》	SB/T 10426—2007
旅行社类标准	《旅行社出境旅游服务质量标准》	LB/T 005—2002
	《旅行社国内旅游服务质量要求》	LB/T 004—1997
旅游交通类标准	《旅游汽车服务质量标准》	LB/T 002—1995
	《道路旅客运输企业等级标准》	JT/T 630—2005
旅游景区类标准	《娱乐中心服务标准流程》	JD/KL 001—2003
	《水利旅游项目综合影响评价标准》	SL 422—2008
	《水利风景区评价标准》	SL 300—004

根据现有的行业标准体系，低碳旅游行业标准体系的建设同样应包含旅游景区类、旅游饭店类、旅游交通类、旅行社类这几种项目类型（表4-4-2）。

表4-4-2 低碳旅游行业标准体系

分类	名称	分类	名称
旅游景区类	《低碳型旅游景区规划标准》	旅游饭店类	《低碳型旅游饭店准入制度》
	《低碳型旅游景区从业人员资格》		《低碳型旅游饭店等级划分及评定标准》
	《低碳型旅游景区建设标准》		《低碳型旅游饭店等级评定检查员制度》
	《低碳型旅游景区服务标准流程》		《低碳型旅游饭店建设标准》
	《低碳型旅游景区等级划分及评定标准》		《低碳型旅游饭店服务标准》
	《低碳型旅游景区等级评定检查员制度》		《旅游涉外饭店低碳标准》

续表

分类	名称	分类	名称
旅游景区类	《低碳型旅游景区审查制度》	旅游饭店类	《低碳型旅游饭店审查制度》
	《低碳型旅游景区旅游商品质量检测标准》		《低碳型旅游饭店公共信息图形符号标准》
	《低碳型旅游景区旅游产品标准》	旅行社类	《低碳型旅行社等级划分及评定标准》
旅游交通类	《旅游交通系统低碳化建设标准》		《低碳型旅行社服务标准流程》
	《低碳型旅游车辆管理制度》		《低碳型旅游城市评审制度》
	《低碳型旅游汽车服务标准》		《低碳旅游项目综合影响评价标准》
	《道路旅客运输企业低碳化标准》		—

2. 低碳化监督管理指标体系建设

滨海旅游景区的低碳化监督管理指标体系建设包括滨海旅游景区低碳化管理指标体系建设和景区碳排放监测指标体系建设。

（1）滨海旅游景区低碳化管理指标体系建设

滨海旅游景区低碳化管理指标体系建设可以参考旅游景区绿色管理指标体系建设方面的成果[①]，将滨海旅游景区低碳化管理指标体系构建如下：

一级指标包括管理组织指标、经济指标、社会指标、景区环境指标、景区建筑指标、景区交通指标、景区饭店指标。

管理组织指标包括建设低碳管理组织、制定滨海旅游景区低碳规划。

经济指标包括景区旅游收入、景区旅游投入、景区低碳建设效益（绿化投入占总收益比、节能设施投入占总收益比、低碳教育投入占总收益比、低碳建筑投入占总收益比、低碳交通投入占总收益比、低碳旅游产品投入占总收益比、景区污染处理投入占总收益比）。

社会指标包括景区就业人数、景区旅游人数、游客满意度（可用游客投诉率表示）、居民满意度（可用居民投诉率表示）。

景区环境指标包括景区绿化面积占景区面积比、旅游污染处理率、旅游资源利用率（可用景区实际游客人数/景区的最大承载量表示）。

---

① 邱志云. 旅游业绿色管理 [M]. 太原：山西教育出版社，2003.

景区建筑指标包括低碳建筑面积占总建筑面积比、环保厕所占厕所总数量比。

景区交通指标包括总交通里程、非机动车道占总交通道路数量比、软交通车辆载客数量占总载客数量比、低碳停车场数量占总停车场数量比。

景区饭店指标包括低碳食品占总食品数量比、绿色食品采购量占总食品采购量比、食品垃圾处理率。

（2）滨海旅游景区碳排放监测指标体系建设

滨海旅游景区建立碳排放监测指标体系可为景区低碳化发展提供定量参考指标。景区碳排放监测指标体系包括景区固定碳排放的监测和动态碳排放的监测。固定碳排放是景区维持正常经营所需的直接碳排放和间接碳排放。动态碳排放是由不确定因素导致的碳排放（表4-4-3）。

表4-4-3　我国旅游行业碳排放监测指标体系

景区碳排放监测指标	二级指标	三级指标	具体内容
固定碳排放指标	建筑碳排放	建设碳排放	建材、运输
		装修碳排放	建材、运输
	固定能耗碳排放	固定采暖制冷排放	办公区空调，特殊产品陈列区空调
		动力系统运行排放	电梯、服务设施等
		固定交通能耗排放	交通道路建设
		日常固定能耗排放	照明、办公器材、音频、显示系统等
动态碳排放指标	动态能耗碳排放	随机采暖碳排放	酒店客房采暖、电风扇
		旅游设施运作排放	娱乐设施、客用电梯
		交通能耗碳排放	交通车辆
		日常能耗碳排放	热水器、电视机等
	旅游活动碳排放	购物碳排放	塑料袋、包装物等
		餐饮碳排放	一次性餐具、食品包装
	日常运作碳排放	办公系统碳排放	纸张等
		餐饮制作碳排放	燃气、煤气、电器等
		其他日常运作碳排放	一次性洗涤用品等

对于滨海旅游景区的碳排放量，可以通过一定的方法计算出来。这里可

采用碳足迹核算的方法，即每一项指标的碳排放＝该项指标的使用量×碳排放系数。

3. 人力资源管理体系建设

建立高效、合理的人力资源管理体系对于低碳滨海旅游景区的建设具有至关重要的作用。低碳滨海旅游景区的建设离不开从业人员的参与。对景区从业人员的低碳知识和低碳理念的培训具有极其重要的意义，能够有力地推动低碳滨海旅游景区的建设进程。以下是对员工培训内容进行的详细描述：

（1）低碳旅游理念的培训

低碳旅游理念的培训包括对低碳经济、低碳生活、低碳旅游等概念的讲解，引导员工树立低碳意识。培训中应重点介绍低碳旅游的概念和意义，强调减少碳排放、保护环境以及可持续发展的重要性。通过案例分析和讨论，让员工深入理解低碳旅游的价值和影响，以及自身在低碳景区建设中的角色和责任。

（2）低碳技能培训

培训中提供具体的技能和操作指南，帮助从业人员掌握在工作中减少温室气体排放的技能和方法。针对景区内具体的低碳实践场景，进行实际操作和演练，提高员工的低碳技能水平。通过案例分析、角色扮演等形式，让员工了解和掌握在景区内实施低碳管理和服务的具体方法和技巧。

（3）低碳旅游知识的培训

低碳旅游知识的培训主要介绍关于能源消耗、碳排放、生态保护等低碳知识的相关概念和数据，帮助员工更好地理解低碳理念。培训内容应涵盖相关的低碳旅游知识，如低碳生活方式的倡导、低碳技术的应用和发展、能源的有效利用和节约等。通过专业讲授和实例分析，让员工了解低碳旅游的背景和国内外的发展情况，增强对低碳旅游概念的认知和理解。

（三）低碳滨海旅游景区基础设施建设

1. 滨海旅游景区能源供应体系建设

滨海旅游景区能源供应体系建设是指在滨海旅游景区内建立可持续、高效的能源供应系统，以满足景区内各类设施和活动的能源需求。该体系的建设旨在减少对传统能源的依赖、提高能源利用效率、降低环境污染和碳排放。旅游景区、酒店、宾馆的能源供应采用太阳能等低碳或零碳排放的新型能源。通过设置太阳能光伏电站、风力发电设施、水力发电装置等，实现对景区能源的自给自足。建立合理的能源管理和优化系统，通过监测系统控制能源使用，提高能源利用效率。采用先进的能源技术和设备，如智能电网、能源储存系统、智能照明和节能设备等，以尽量降低能源消耗。建设能源互联网或微电网系统，将不同的能源设施和能源用户进行集成管理。这种系统能够实现能源的灵活分配和调度，提高能源供应的可靠性和可持续性。

2. 滨海旅游景区低碳建筑体系建设

低碳建筑是指在设计、建造和运营过程中将碳排放量最小化的建筑物。低碳建筑通过使用环保材料、节能技术和可再生能源等手段来减少对环境的负面影响。通过遵循低碳建筑原则，可以显著降低建筑物对环境的负荷，为可持续发展和环保做出贡献。低碳建筑在旅游景区内的应用主要目的是通过节能和减少温室气体排放来降低对环境的影响。旅游景区内的建筑在选材和使用上应尽量减少对化石能源的依赖。例如，可以更多地采用可再生材料和高效绝缘材料，减少使用钢筋混凝土这种能源密集型材料。这样旅游景区的建筑可以更加环保，对环境的影响也将得到有效控制。

3. 滨海旅游景区低碳交通体系建设

滨海旅游景区内低碳交通体系的建设包括低碳停车场建设、低碳交通工具使用等。

（1）低碳停车场的建设

生态停车场具备环保、低碳功能，除了具有高绿化、高承载的特点，使用寿命也大大延长。生态停车场是指在设计和管理上以生态环保为核心理念的停车场，能最大程度减少对环境的负面影响，并为车辆提供可持续的停放解决方案。生态停车场采用太阳能或风能等可再生能源为照明和电动车充电设备供电，以减少对传统能源的依赖，并降低温室气体排放。同时，进行绿化和景观设计，包括种植局部蔬菜园和花草植物等。这些植物有助于吸收二氧化碳、提供阴凉以及美化停车场环境。

(2)低碳交通工具的使用

在旅游行业中，碳排放是一个重要的问题。传统的燃油机动车在行驶过程中会产生大量的二氧化碳和其他温室气体，这对环境造成了很大的压力。相比之下，电瓶车以其零排放、低噪声、低维护成本的特性，对旅游景区的环境影响较小。电瓶车不仅在环保方面具有显著的优势，还可以为游客提供更加舒适、安全的游览体验。因此，旅游景区应该尽可能地采用环保大巴、电瓶车、自行车等环保交通工具，以达到节能减碳、绿色环保的目标。同时，这些环保交通工具还可以提高游客的游览体验，让游客在欣赏美景的同时，也能感受到景区对环保的重视和贡献。在滨海旅游景区建立低碳交通体系时，可以通过发展自行车租赁系统、支持电动交通工具、提供共享交通工具、创建步行友好环境等方式，促进低碳交通工具的使用。例如，在滨海旅游景区提供自行车租赁系统，鼓励游客使用自行车进行短途出行。这可以通过设置自行车租赁站点和提供便利的租赁服务来实现。又如，为电动自行车、电动摩托车和电动汽车提供充电基础设施，鼓励游客使用电动交通工具。这包括在停车场、景区入口等位置设置充电桩。此外，可以引入共享自行车、共享电动车、共享汽车等服务，方便游客灵活选择低碳交通工具。还可以为步行者提供舒适、安全和便利的步行环境，包括设立人行道、提供行人过街天桥等。优化景区内步行路线，设计景观和设施，使步行成为游览景区的宜人方式。通过采取这些措施，滨海旅游景区可以建立起一个鼓励和支持低碳交通工具使用的体系，为游客提供更环保、健康和可持续的出行选择。

4.废弃物处理系统建设

低碳滨海旅游景区基础设施建设中的废弃物处理系统建设是指在滨海旅游景区内建立完善、高效的废弃物处理系统，以减少对环境的负面影响，并实现废弃物的最大化利用和资源回收。废弃物处理系统建设可以从垃圾分类和回收、有害垃圾处理、废水处理、废物减量和资源化利用这几个方面入手：

垃圾分类和回收：设置垃圾分类点和回收容器，引导游客将垃圾按类别投放，如可回收物、有害垃圾、厨余垃圾等。同时，建立相应的回收流程，将可回收的材料进行再利用或回收处理。

有害垃圾处理：建立有害垃圾回收和处理系统，包括设置有害垃圾收集点和有害物质的安全处理设施。有害垃圾应该被正确收集、贮存和处理，以防止对环境和人类健康造成潜在风险。

废水处理：滨海旅游景区通常涉及水体环境，建设适当的废水处理系统非常重要。这包括建立废水收集、处理和排放设施，以确保游客和周边环境的水质安全。

废物减量和资源化利用：通过推行减量化和资源化利用的策略，减少废弃物的产生量，并最大化利用可再生资源。可以采取的措施包括减少包装材料使用、推广可降解材料、开展废物资源回收等。

要建设高效的废弃物处理系统，需要综合考虑景区的规模、游客的数量和特点以及当地的资源、环境条件等因素。此外，还需要遵循相关法律法规和环境保护标准，同时进行监测和评估，以确保系统的有效运行和持续改进。

（四）低碳滨海旅游景区的日常维护

1. 旅游景区设施设备的日常维护

对旅游景区设施设备进行日常维护是非常必要的，这不仅可以保障旅游景区的正常运营和游客的安全，同时能够提高设施设备的使用效率，为旅游业的可持续发展做出贡献。日常维护还可以及时发现并解决设施设备存在的问题，防止因设备故障对游客的安全和旅游景区的正常运营造成影响。定期的检修、保养及清洁等工作，可以确保设施设备的正常运转，避免因长时间使用或缺乏保养而导致的损耗和浪费。旅游景区日常维护，需要对设施设备进行随时检查，定期维护和保养，对易磨损的设施设备进行专项检修，对损坏的设施设备进行及时专业的维修。

2. 旅游服务体系的日常维护

为保证景区旅游服务体系的正常运作，需要对其进行日常维护。首先，需要建立游客评价体系，对旅游景区的从业人员进行定期考核。其次，需要加强对游客低碳意识的培养。

（五）低碳滨海旅游景区建设的保障

滨海旅游景区的低碳化建设需要体制机制、低碳技术和充足资金等多方面的保障。

1. 低碳滨海旅游景区建设的体制保障

低碳滨海旅游景区建设需要加大对节能减排新技术、新材料、新工艺的投资力度。完善节能减排的财政政策和金融政策，为滨海旅游建设提供低息或无息贷款，减免相应的税收。鼓励滨海旅游景区采用节能型新产品，为其提供相应的补助。将滨海旅游景区引入碳交易市场，在滨海旅游景区与企业之间引入碳排放交易制度，从而为滨海旅游景区低碳化建设提供资金支持。不断完善旅游市场准入制度，对新开发的滨海旅游区以及新开发的滨海旅游项目进行严格的环境影响评价，加大对高排放、高污染、高能耗的滨海旅游景区的处罚力度，对自主研发节能减排新技术的滨海旅游景区给予奖励。

2. 低碳滨海旅游景区建设的技术保障

国家将滨海旅游的低碳技术研发、低碳产品的研制纳入科技计划行列，同时引进国外先进技术和经验，对滨海旅游景区进行低碳化技术支持。探索滨海旅游景区低碳化发展的国际合作新模式，开展具体项目技术合作、经验交流及能力建设等形式的合作。

三、发展低碳的滨海旅游交通

（一）建设旅游景区的公共交通体系（TOD 模式）

在第二次世界大战结束之后，美国的经济飞速发展，城市化进程加快，急需一种科学化的公共交通系统。此时，公共交通体系（TOD 模式）应运而生。这些公共交通有轨道交通，如地铁、轻轨，还有巴士干线，并设置有间距合理的公共站点。

现如今，我们充分学习上述公共交通建设模式，并将其因地制宜地应用于滨海旅游景区建设中，然后根据不同景点之间距离的远近，选择合适的公共交通。而在某一个旅游景点内部，可以直接选择低碳排放的公共交通工具，如电动摆渡车或者可以扫码使用的共享单车等。

（二）采用低碳的交通方式出行

在滨海旅游区的建设规划中，对于交通工具的选择，主要设置了三种，分别是陆上、水中与空中，相对应的交通工具主要包括汽车、电动车、自行车、轮船、飞机等，每种交通工具都会产生碳排放。根据计算，每年我国滨海旅游业入境旅游中，乘坐飞机产生的碳足迹占滨海旅游业入境旅游交通碳足迹的比重超过95%。因此，降低滨海旅游交通碳排放需要对陆上交通、空中交通和水上交通采取低碳化管理措施。

1. 空中交通

在对碳排放进行测量之后，我们发现，世界上各航班正常运作情况下，一年的碳排放量可以占到全球碳排放量的2%。因此，民航业实施低碳化发展对于滨海旅游业实现低碳化发展影响巨大。

促进滨海旅游业低碳化发展，民航业可采取几个方面的措施。首先，民航业应采用现代先进的空中交通管理技术，通过优化空中飞行线路，提高飞机的燃油效率。为有效减少碳排放，民航业使用的客机可以选择使用清洁燃料的类型，通过规范飞行节油程序、提升客座率和载运率等措施，降低飞机的碳排放量。其次，对民航业实施碳税政策，并引入碳排放交易机制。再次，在民航业内推行碳中和政策。碳中和主要是指旅游者在旅游的过程中因为自身各项活动产生了一定量的二氧化碳，通过向有关机构付费，以请他们利用各类环保活动抵消相应的碳足迹达到降低温室效应的目的。目前，国外许多国家已开始执行该政策，如英国航空公司、法国航空公司等。该政策需要乘机者在对应网站输入自身航班信息，然后系统计算出此行排放的二氧化碳并由乘机者支付对应的碳中和费用。

2. 陆上交通

旅游的陆上交通工具主要包括私人汽车、公共汽车和铁路。在陆上交通中，汽车的碳排放占80%以上。近年来，自驾游成为流行趋势，因此，如何实现汽车的碳减排具有重要意义。

促进滨海旅游实现低碳化发展，陆上交通运输业可采取几个方面的措施：第一，与滨海旅游有交集的相关部门，需要严格落实国家对于油耗高的车辆的淘汰制度；第二，在滨海旅游景区内积极推动对新能源汽车及各类环保型交通工具的使用；第三，引导旅游者从选择汽车转变到选择公共交通工具出游。在相同的技术条件下，汽车的碳排放是公共汽车的5倍。因此，引导旅游者从汽车转变到乘坐公共交通工具对降低碳排放具有重要意义。

3. 水上交通

全世界水上交通运输业的二氧化碳排放量每年约为11.2亿吨，约占全球二氧化碳排放量的4.5%。整个航运业中用于旅游的船只的碳排放量约占总量的5%。[①]

促进滨海旅游业低碳化发展，水上交通运输业可采取几个方面的措施。首先大力推进旅游用船舶的节能化设计，减少船舶的碳排放。其次，港口管理部门向停靠在港口的船舶提供电力，以减少船舶在港期间的油耗，相应减少其碳排放量。最后，对船舶航行征收燃油税。另外，为保证碳排放总量的可控，需要对整个海运行业建立明确的碳排放交易体系，限制碳排放总量，并对不同的船舶所有者进行对应的碳排放量的分配。排放量低于配额的船主可以将多余的额度作为商品出售。排放量较高的船可通过碳排放交易市场，购买碳排放配额，以满足其超出所分配额度的温室气体排放量。

（三）重视低碳交通技术节能

目前，使用低碳燃料的节能型汽车包括柴油车、混合动力汽车、乙醇汽车和氢燃料电池汽车。

经过对比我们可以发现，汽油发动机在各方面已经落后于时代，柴油发动机在能耗、效率、尾气排放等方面要比汽油发动机更优秀，并且，混合动力型的汽车也比汽油车的效率高30%左右。在碳排放方面，使用乙醇要比使用汽油减少超过70%。除了上述能源对比，使用氢燃料电池的汽车在碳排放方面无人能出其右，主要是因为其碳排放量可以为零。唯一令人遗憾的是，

---

① 文秘帮. 国外水运交通负外部性及治理经验借鉴 [EB/OL].（2022-10-15）[2023-06-21]. https：//www.wenmi.com/article/pzekly01i7mx.html.

氢燃料电池汽车如今发展尚不成熟，成本比较高，不具备普及性。[①]

四、发展低碳的滨海旅游住宿业

旅游酒店是耗能大户。从理论上讲，酒店的能耗费用占营业收入的比重应控制在 6%～8%。酒店的能耗主要包括建筑能耗、电力能耗以及其他物资能耗。旅游酒店的物资资源包括能源、食品、电器、家具等。酒店的节能减排、低碳化发展需要系统的节能降耗思想和管理方式对其进行指导和管理。

（一）通过加强内部管理控制旅游酒店的物质损耗

为了降低能源损耗，减少环境污染，对于景区内的酒店来说，需要着重关注生产与采购环节的工作，并采取合理的手段。比如，在为酒店选址的时候，尽量选择交通便利的位置。在建设与装修酒店的时候，对建筑材料的选择需要确保维持较低的能源损耗，且更需要关注正式运营之后各方面的能源消耗问题。

对于已经正式运营的酒店，为了减少能源损耗，践行节能环保的理念，可以选择引进新技术对酒店进行一定程度上的改造，并严格要求酒店所有采购的设备，只允许使用节能设备。对于酒店内部的能源的使用，酒店可以较多地使用清洁能源，比如太阳能、风能等。我们以太阳能为例，一般情况下，太阳能可以用来取暖，并且太阳能还可以转化为电能，以供给各类电子设备使用。

（二）以循环经济发展模式促进节能减排

对于酒店来说，为了有效落实节能减排，可以选择循环经济，就是对酒店内部使用过的各种资源进行回收，并根据具体情况进行再利用。下面我们以酒店空调滴落的凝结水为例进行简单阐述。一般情况下，这种凝结水在经过一定工序的水质优化之后可以用于锅炉回水。酒店的各种厨余垃圾可以作为牲畜的饲料进行出售。同时，还能够通过共享经济的方式实现节能减排。

[①] 祁东辉，刘圣华，李晖. 电喷汽油机燃用乙醇／汽油混合燃料排放及催化转化特性研究 [J]. 安全与环境学报，2006，6（5）：4.

简而言之，就是在酒店内部，对于那些不常用的设备可以选择租用，而且在旅游淡季的时候，因为游客较少，可以将处于闲置状态的酒店汽车出租等。

（三）将低碳发展水平列入酒店评级和考核标准

我国关于旅游行业各酒店的星级评定政策出台于2003年，彼时世界对于酒店参与节能减排的意识并不强烈，所以在政策中并未设置条款将星级评定与酒店的节能减排落实情况联系起来，只是对酒店自身的建筑装潢、设施设备、服务水平等方面有要求。现如今，为了更好地响应国家节能减排的政策，可以在相关条款中将其与酒店的星级评定联系起，以便有效地促进酒店践行节能减排政策，积极降低自身碳排放量，也能够有更大的动力选择使用清洁能源，坚持低碳发展。

第五章　滨海旅游业低碳化发展分析

　　本章为滨海旅游业低碳化发展分析，主要介绍了三个方面的内容，分别是江苏滨海旅游业低碳化发展、海南滨海旅游业低碳化发展、河北滨海旅游业低碳化发展。

第一节　江苏滨海旅游业低碳化发展

伴随着人类社会的发展，人类的文明程度在不断提高，对低碳的关注也逐渐增多，又因为近年来气候恶化，为了有效减缓气候恶化程度，对未来的能源危机要做到未雨绸缪，世界上的很多国家开始严格落实低碳环保的经济政策。为响应这一政策的号召，人们开始探索低碳旅游的可行性。

一、江苏滨海旅游业低碳化发展条件

现如今，江苏省沿海地区正式开始了滨海旅游开发建设工作，值得注意的是，这一系列的建设工作在开展之后，势必会对该地区的生态环境造成影响，所以为了更好地保护当地的生态环境，就需要在开展滨海旅游建设的时候，以科学的手段对其进行保护，并且相关部门已积极构建了生态建设与环境保护的相关机制，在一定程度上有效促进了当地滨海旅游业的低碳化发展。

（一）旅游资源

对于江苏省来说，其拥有优美绮丽的自然景色，不仅有湿地滩涂，也有岛州沙滩，各类动植物栖居其中，最终组成了一条长约 900 千米的滨海生态旅游带。其中，代表性生态旅游资源单体数量 424 个，南通 160 个，盐城 87 个，连云港 177 个。[①]

（二）市场条件

在旅游方面，要想获得长远发展，市场条件需要格外重视。一般情况下，市场条件会受到两方面的影响：其一就是景点自身的环境条件、自然风光以及当地的特色产品等；其二是游客自身的喜好以及经济能力、与景点之间的距离等条件。

---

① 于艳.沿海开发背景下江苏滨海低碳旅游发展模式研究[D].南京：南京师范大学，2011.

1. 发展低碳旅游的民意基础调查

对于旅游业的低碳发展前景而言，主要影响因素就是游客的态度。低碳旅游业需要广泛吸收游客的意见与建议，及时修正与完善低碳旅游的相关政策，以确保制定规划能够获得更多的游客的青睐。

2. 公众对发展低碳旅游的感知和态度

对于低碳旅游业来说，为了有效提升游客的参与热情与参与深度，需要加深游客对低碳旅游的了解。对于低碳旅游业的发展来说，为了有效促进相关政策的落实以及自身的发展，需要积极鼓励社会各阶层更多地了解低碳旅游，进而以此为基点，助力低碳发展，创新低碳机制，开发低碳技术。

在过去，人类的活动导致二氧化碳排放量的增加，直接引发了全球性的气候变化。为了解决这一问题，人们开始重点关注碳排放，低碳旅游应运而生。为促进低碳旅游的良好发展，需要及时了解民众对低碳旅游的认识与认可程度，并制定相应的发展规划。

二、江苏滨海旅游业低碳化发展模式

随着低碳时代的到来，低碳旅游已成为世界性的潮流和未来旅游的发展方向。构建低碳旅游的发展模式，为江苏滨海旅游业节能减排、可持续发展和保护生态环境提供了操作性诠释。在总结生态旅游发展模式的基础上，结合时代背景对低碳旅游发展提出的新要求，在此以江苏滨海为案例，进一步探讨低碳旅游发展模式。

（一）低碳旅游示范区模式

以"低碳"为主题建设旅游示范区，需要保证该示范区内的所有建筑、设备、服务等都在时刻践行低碳的概念。为此，我们可以在江苏省滨海地区建设对应的低碳生态旅游示范区，经过权威领域的专家学者考察论证之后，以科学合理的手段进行建设，并积极选择当地优秀的自然资源作为该示范区的旅游主体。在此基础上，示范区主营观光旅游与休闲度假项目，售卖各种与低碳旅游相关的产品，并积极开展生态型的旅游活动，鼓励游客参与其中，进一步提升当地生态旅游产品的品牌知名度。在示范区建设期间，需要构建一整套科学合理的低碳运营模式，并始终坚持低碳化发展，结合各种新型低碳技术，使用先进的低碳设备，增加各类资源的利用率，有力减少示范区内的碳排放。另外，对于示范区的建设，需要保证符合 A 级旅游景区的标准，也需要符合国家风景名胜区的管理规范，除此之外，还需要重点关注下面几点内容：

1. 完善"低碳"标准

伴随着时代的发展，越来越多的游客开始关注低碳旅游，并认识到它的重要性，也身体力行地加入其中。但是，要想实现低碳旅游的进一步发展，需要由官方制定对应的标准与科学合理的评估办法。比如，在制定旅游行业的标准之后，各类旅游产品在质量与服务水平等方面获得了更多的游客的认可，而建立旅游业的低碳标准，也能够有效促进旅游业的低碳化发展。

2. 明确建设和设计的基本体系

总的来说，要想建设可以完美运行的低碳生态旅游示范区，需要摒弃传统的旅游管理思路，建立符合时代要求的低碳管理办法，有效落实资源节约政策，坚持可持续发展。

3. 加大利用清洁能源

为有效建设低碳生态旅游示范区，需要配置合理的低碳工作设备，对示范区内的各种设施进行低碳化的改造，坚持使用清洁能源、可再生能源，不再使用各类化石能源。可以选择使用太阳能、风能、地热能等能源对传统的高污染能源进行替代，比如，太阳能与风能可以用来发电，而地热能可以供暖。另外，对于存在于示范区内的各类建筑设施，需要采用各类节能设备与太阳能产品等。

4. 积极探索低碳智慧旅游

为了在激烈的市场竞争中脱颖而出，需要充分结合现代科技，构建科学合理、成本低、效率高的联合服务模式。结合互联网，构筑网上服务平台，使游客能够方便地在网上获得智慧化服务，得到智能体验。

（二）低碳旅游综合导向模式

借鉴生态旅游发展模式，在开发旅游产业的时候，要始终遵循低碳环保的理念，构建低碳旅游综合导向模式。其中，生产、加工、销售、服务等环节都需要坚持低碳理念，主要包含以下两个方面：

1. 营造低碳旅游的生产环节

在低碳旅游的生产环节践行低碳理念，需要确保游客在以下几个方面能够享受低碳服务，分别是吃、住、游、行、购、娱。

（1）饮食安排要低碳

在吃的方面，需要严格落实低碳理念，杜绝铺张浪费，多食用应时应季的蔬菜瓜果，减少过多的动物食品的摄入。各类食物尽量选择当地的，以减少交通运输过程中的碳排放。值得注意的是，江苏省滨海地区的自然资源丰富，农业与渔业都有较大的收获，在旅游场所的食材供应上并无压力。

（2）交通方式的选择要低碳

在出行方面，也要积极落实低碳理念，首选的出行方式是步行，若是有一点儿距离就可以选择自行车或者电动车，若是距离较远就需要选择高铁、火车等交通工具，若是走水路，就需要选择轮船，燃油汽车与飞机是最后需要考虑的。现如今，碳排放最多的就是工业、建筑与交通。对于旅游业来说，为践行低碳环保理念，需要不断优化交通方式，选择公共交通，在一定程度上进行减排，并积极开发新型的环保交通工具，提高对各类能源的利用效率，降低能源污染。另外，飞机所排放的尾气已经占全球排放二氧化碳的2%，这一数字令人触目惊心，所以，游客在旅游出行进行交通工具选择的时候，可以先选择公共交通工具，比如火车与客车，若是必须坐飞机，可以选择直航航班，以上方式都能有效减少碳排放。在景区内部，因为交通顺畅，往返于各景点之间可以选择电车、自行车、步行等方式，不仅能促进节能减排，还可以在一定程度上丰富自身的游览体验。

（3）避免资源浪费

对于旅游行程的安排，可以选择低碳环保的酒店、景区，杜绝使用一次性用品，减少资源的浪费。一直以来，酒店中的一次性用品是否应该存在是一个争论不休的问题，有观点认为它的存在可以保证卫生与安全，也有人认为一次性用品极大地浪费了资源，并导致了大规模的环境污染。为有效践行低碳环保，需要推行"低碳住宿"，不再使用一次性用品。在旅游中，也需要注意不要破坏各类设施设备与自然环境，以减少碳排放。

2.强化低碳旅游消费环节

对于奉行低碳环保的旅游中的各项服务来说，需要积极采纳各种类型的先进的低碳技术，不断提升各类设施设备的服务水平，还可以直接购置低碳类的设备，进一步压缩运营成本支出。在此期间，通过各类低碳手段可有效提升自身经济效益。总的来说，现阶段我们所见到的所有低碳旅游服务本质上都是对原有的旅游服务的技术设备进行低碳技术改造与应用。这一类服务主要包含低碳的轨道交通、设施设备、能源供应、游览住宿、购物娱乐等，所以说，开发低碳旅游，就是将旅游中的所有服务进行低碳化改造。

低碳旅游服务的建设途径主要包括：寻找适合的位置和区位，建立停车专用区，运用低碳技术，制造一批低碳旅游交通工具，使之成为整个区域独具特色的交通载体；在一定的位置放置生态马桶，注意环境卫生和生活卫生，提高低碳生活水平与服务水平；积极运用低碳技术，结合我国清洁能源的建设能力，选择太阳能、水能、风能等污染小的能源作为生产能量的方式，尽量实现零排放的理想效果；运用低碳材料建设相关建筑，主要用于餐饮、购物、娱乐、住宿等；利用低碳技术开发符合人体需求的低碳运动器材，满足游客需求。

（三）碳补偿旅游模式

值得注意的是，虽然近年来我们一直倡导低碳环保、减少碳排放，很多人也积极响应这一号召，身体力行，但是因为各方面的限制，人们在旅游的时候很难控制自身碳排放，最终出现高碳排放的情况。在认识到这一点之后，各位游客应当主动承担起自身的责任，积极补偿，通过"碳补偿"的方式，消除自身的碳足迹。对于游客来说，一般会选择两种方式进行"碳补偿"：其一，植树，通过植物的光合作用吸收自己排放的二氧化碳；其二，若是时间不充裕，可以付款给相关机构，委托他们代为开展环保活动。比如，当我们在App上购买机票的时候，页面上往往会实时显示此次航行的碳排放量，并提供不同的补偿选项供我们选择。现阶段，国际上不同的国家认定了标准的碳汇价格，即一吨二氧化碳的排放需要补偿100元，所以游客可以根据自身旅游过程中的碳排放量自行选择支付对应资金，以委托专业机构植树，完成碳补偿。

（四）低碳旅游环境教育模式

对于江苏省滨海旅游的相关组织者来说，为了保障旅游区内的生态环境，需要积极引导周围的居民与游客深入了解节能减排知识，并形成减排意识，通过将节能减排与旅游项目结合，使更多的人可以通过这种生动形象的方式加入节能减排的队伍中，使游客与周围的居民能够有意识地减少行动中的各类废气、废水、废物的排放，减少旅游区内环境问题的出现。

伴随着国民经济水平的上升，旅游市场空前火爆，海洋旅游也受到越来越多人的关注，我国也开始关注对海洋旅游资源的开发，在此基础上，江苏滨海旅游正在飞速发展。现如今的江苏滨海旅游正处于起步阶段，有着广阔的发展前景。

第二节　海南滨海旅游业低碳化发展

一、海南滨海旅游业低碳化发展的优势

海南有着丰富的滨海资源，滨海旅游业的发展水平很高，也能够更好地推进各方面的低碳化发展。值得注意的是，因为海南省的森林覆盖率较高，空气较好，所以十分适合人居住与旅游，又因为海南当地的生态好、发展旅游的经验丰富，且当地的清洁能源储量较大，能够更好地推进低碳化建设，其中，清洁能源中的风能在当地最适合利用。

二、海南滨海旅游业低碳化发展的重要性

通常情况下，只有拥有良好的自然环境才能发展旅游业，而环境需要旅游的各项收入进行维护，所以说二者是相辅相成的。

现如今我们见到的很多旅游项目本身就是依托于良好的自然环境建设的，另外，环境本身在一定程度上也需要进行生态上的维持与保护。需要注意的是，旅游不但能为当地的生态环境提升附加值，也能通过各种垃圾对其进行破坏，之所以出现这种情况，主要是因为游客没有建立起良好的环保观念。我们以海南省为例，现如今当地的旅游业已经发展成熟，且越来越多的游客被当地的优美景色与清新空气吸引，在一定程度上加重了当地生态环境的负担，为了保障生态环境能够健康地延续下去，需要坚持低碳化改造，坚持对其进行保护与开发。

三、海南滨海低碳旅游资源的内容构成

（一）生态水环境资源

这里的生态水资源就是指利用海洋资源，值得注意的是，现如今国家大力发展的各类绿色新能源中，风能与海洋能源已经能够在一定的条件下进行应用，而且在实现海南滨海旅游业的低碳化改造的过程当中，需要结合绿色能源开展相关项目。

（二）生态森林旅游资源

生态森林环境是地球上生态系统当中最大的碳资源库，海南岛拥有超过60%的森林覆盖率，其中氧气的浓度和负氧离子含量极高，另外，海南经过多年的发展和建设，已经建设了9个国家级的森林公园和3个省级的森林公园。[1] 在低碳理念的推动下，海南省也不断进行旅游资源的开发和规划，并以低碳理念为基础积极进行低碳旅游的建设与开发。将志愿者旅游融入低碳旅游开发建设当中，充分发挥志愿者旅游的作用，不断进行滨海旅游业低碳化项目的建设与完善，极大地推动了地方经济增长。

（三）低碳排放量能源

对于海南省来说，为了实现滨海旅游业的低碳化发展，需要竭力保护碳

---

[1] 高述超，陈毅青，陈宗铸.海南岛森林生态系统碳储量及其空间分布特征[J].生态学报，2023，43（9）：3558-3570.

资源,并积极开发绿色能源,比如在当地建设风力发电站与海洋发电站等,从而获得绿色能源。除此之外,还可以通过志愿者旅游服务活动在当地建设配套的各类环保设施,并不断宣扬低碳环保理念,使更多的人能够正确且深入地了解低碳理念,并在日常生活中加以践行。

四、海南滨海旅游业低碳化发展模式的创新分析

(一)发挥政府部门的管理与监督作用

当地政府的支持与帮助有效推进了当地的低碳化改造,也进一步完善了志愿者旅游活动模式。作为新的旅游发展模式和新的旅游活动模式,海南滨海低碳旅游的开发项目作用的发挥必须以能够营造出必要的设施与旅游体验环境为基础,正确进行旅游低碳消费方式的引导,这对于经济发展水平在不同程度上存在差异的海岛来讲,是一个艰巨和长期的过程。所以,在建设的初期要发挥政府专项资金的支持作用和志愿者旅游活动的公益性服务特质。

(二)各项滨海旅游业低碳化发展设施的完善

要想营造出低碳环保的旅游环境,首先要能合理配置和不断完善各项滨海旅游业低碳化发展设施,例如基础的电力能源、安全设施、低碳旅游设施等,这就需要不断进行低碳设施的设计和合理的规划以及专用设施的建造。首先,要能够利用低碳技术和低碳材料进行设施建设。其次,要能够保证这些设施在使用中达到低碳排放的标准,并实现交通、住宿、环境卫生等方面服务设施与低碳能源的配备。可以通过新能源汽车等交通设施,各类低碳环保材料建设的达到安全标准水平的民宿、宾馆等设施,为志愿者旅游活动提供充分的基础条件,此外要建设和配备废弃物回收设施,不断提高当地居民和游客的环保意识以及尽量减少使用一次性用品,确保不会带来固体污染的风险。另外,要配备和利用风能、太阳能、生物能、海洋能源来发展低碳环境卫生设施和垃圾处理设施,构建完善的低碳无污染和循环的生态化低碳旅游环境。

(三)滨海低碳旅游与志愿者旅游的结合

志愿者旅游活动本身就具有公益性、互助性和环保性,其活动开展的目

标包含了环境保护理念的宣传和生态环境建设。海南省近年来不断大力开发志愿者旅游项目，积极地组织志愿者旅游活动，同时将其作为重点工作来抓，培养了大批优秀人才，这引起了国际志愿者组织的注意。海南滨海旅游业低碳化发展模式的构建也必须能够结合志愿者旅游的优势，发挥其巨大的影响力，一方面可以加速低碳旅游模式以及相关设施的构建和完善、居民低碳环保意识的塑造，另一方面也可以发挥出志愿者旅游项目的国际化推广优势，将国际志愿者组织和贸易组织带到国内，使其看到海南低碳旅游的发展水平，为低碳旅游的推广带来更大的助益。这也是海南大力推动志愿者旅游模式发展和低碳旅游开发相结合的前提。从经济角度来说，低碳旅游发展和志愿者旅游模式都是实现绿色经济发展和地区经济提升的有效途径，将其结合也是为了最大程度上发挥更大的作用和优势，实现海南绿色产业经济高速发展。

低碳旅游不只是一种理念，志愿者旅游也不只是简单的旅游活动。通过低碳旅游带动地方绿色经济，利用志愿者旅游模式实现标准化旅游产业建设的完善，并在其带动下提高本地居民的文化素质和游客的思想道德素质，让海南的滨海低碳旅游成为其具有影响力的品牌。

如今，随着生态环境恶化日益严重，气候的影响和剧烈变化也为人们的生活带来了极大困扰。全球开始大力发展低碳经济和低碳环保、节能减排。低碳旅游就是在这一理念推动下所产生的新型旅游模式，并逐渐形成旅游发展的新方向与重要趋势，海岛的生态环境较为敏感脆弱，如何开展低碳旅游，实现旅游健康发展成为人们关注和研究的课题。志愿者旅游是带有一定公益性和经济驱动型的新旅游模式，通过志愿者旅游模式，能够实现地方经济的提升，同时也能将低碳旅游理念进行广泛的传递，使志愿者旅游在满足人们旅游需求的同时，也将更多的环保低碳理念、公益服务理念带向全社会，乃至全球。海南拥有丰富的天然碳汇体和低碳旅游的发展实践条件，同时其所具有的丰富旅游资源也能够实现低碳旅游中生产、消费、修复和催化所需资源的满足，可以说，海南低碳旅游的推行基础已经具备，其低碳旅游循环系统模式构建也为全球提供了实际的经验，为后续其他海岛的低碳旅游开发提供了充分的数据支持，同时也在志愿者旅游的带动下实现了双重绿色旅游的共同发展。

第三节　河北滨海旅游业低碳化发展

一、河北发展低碳旅游的可行性分析

在人口膨胀、资源短缺和环境污染问题日益突出的今天，海洋开发受到沿海各国的高度重视。河北省居于环渤海西岸中部，拥有487千米的大陆海岸线和199千米的海岛海岸线。河北省有着丰富的滨海资源，目前设有国家自然保护区1处、省自然保护区2处，拥有秦皇岛（含新港）、京唐、曹妃甸、黄骅四大海港。[①] 随着河北滨海旅游的深入发展，交通工具及旅游者带来的高碳化旅游经济在推动经济发展的同时，也在不同程度上破坏生态环境。国家沿海大开发战略的逐步实施及河北省建设沿海经济强省的战略，都为河北旅游业开展低碳旅游提供了前所未有的机遇。这不仅有利于丰富河北滨海旅游业低碳化发展，而且能保证滨海旅游业资源的持续利用，推动滨海旅游业的持续健康发展。

在旅游业中，若想实现低碳化改造就需要确保当地政府与游客不会反对，因为这涉及二者的利益。对于多数游客来说，低碳旅游并不会对他们的旅游活动造成太大的影响，而通过节能减排，还能提升自身保护环境的自豪感。对于当地政府来说，在低碳化改造之后，游客是否会减少是关键。需要注意的是，伴随着我国人民综合素质的提升，已经有越来越多的人认可节能减排的意义，并身体力行地投入其中。

河北滨海旅游资源丰富，秦皇岛、唐山、沧州三市把文化和旅游产业作为推动高质量发展的重要支撑，实现了产业规模、质量和影响力的全面升级。为推动渤海滨海旅游带建设，省文化和旅游厅制定了《河北省渤海滨海旅游带建设三年行动计划》，通过系列举措，大力提升河北省渤海滨海旅游国际辨识度、知名度和吸引力、影响力，打造国际滨海旅游目的地。在"中国渤海滨海旅游欢乐季"宣传推广活动中，河北省对渤海滨海旅游资源产品进行了推介。津、冀、辽、鲁四地还签署战略合作协议。根据协议，四地将组建渤

---

① 赵永宏.河北省海洋经济产业特征分析与持续发展对策[D].大连：辽宁师范大学，2008

海滨海旅游带建设联合体，建立合作发展工作机制，进一步促进市场联动和客源互换，联合打造精品旅游线路、开发新业态产品，深化产业交流合作，加强文化艺术交流，扩大招商合作，共同推进区域文旅产业高质量发展。

政府首先在体制机制上为旅游业大发展提供了有力保障，专门成立由主要领导挂帅的市旅游发展委员会，把旅游业发展情况纳入县区、部门年度工作考核，并组建效能督导组进行明察暗访；加大对旅游业的扶持力度，市财政安排旅游发展扶持引导资金，将旅游项目纳入招商引资的一线项目重点推介，在财税政策和建设用地等方面给予倾斜；放宽市场准入，鼓励各种社会资本投资旅游业，大力引进战略投资者和国内外知名旅游企业，推动合资合作发展经营。这一切措施的出台为河北低碳旅游的实行提供了强有力的保障。

二、河北滨海旅游业低碳化发展模式

旅游业作为低碳产业，具有综合性强的特点，其二氧化碳排放主要来源于旅游交通、住宿、餐饮、建筑、娱乐活动等方面。因此，构建低碳旅游发展模式应主要从旅游产品、旅游者和旅游经营者三方面进行。

（一）旅游产品开发低碳化

采用低碳技术，运用低碳原料，设计低碳旅游产品，创建低碳型景区，满足旅游市场的需求。首先，淘汰高耗能、高污染的旅游产品，采用低碳技术和材料，对传统景区进行低碳化改造；其次，设计低碳旅游产品，建造低碳旅游景观，开发游客参与度高的低碳旅游项目；最后，创建低碳景区。

（二）旅游者行为低碳化

旅游者的旅游活动涉及食、宿、行、游、购、娱六个方面，所以旅游者的低碳旅游行为是开展低碳旅游的重要影响因素。

第一，食宿低碳。旅游者在旅行过程中应自备环保餐具，拒绝使用一次性餐具和难以降解的器具，在旅行住宿上，选择符合国标的具有较高低碳化服务质量的低碳型饭店和酒店。

第二，交通低碳。尽量选择碳排放量较低的交通工具。一般来说，航空最大，公路次之，铁路最小，对国内旅游者而言，选择铁路旅行能减少碳排放量。在景区内部，徒步、使用自行车或者景区提供的电瓶车等旅游方式不仅具有参与性，而且能使个人旅行的碳排放量减到最低。

第三，游乐低碳。旅游者要增强自身的环保意识，把低碳理念贯穿到旅行过程中。

（三）旅游经营管理低碳化

第一，树立低碳管理理念。无论景区的建设、维护和修复，都应将低碳思想贯穿景区管理的始终。第二，创建低碳管理系统。运用定量研究方法，测算景区旅游环境容量，控制游客数量，建立景区碳排放量和环境状况监测系统，建立景区低碳化能量输入系统和环境卫生系统。第三，定期对服务人员进行低碳知识培训，提高服务质量。第四，加大低碳旅游宣传力度，树立低碳旅游形象。

三、河北滨海旅游业低碳化发展的实现途径

在发展滨海旅游方面，河北省有着较大的潜力，为有效促进河北滨海旅游行业的低碳化发展，需要当地政府、相关企业与游客等群体共同努力，群策群力。

（一）政府

1. 制订减排方案，明确指标约束

政府与旅游行政管理部门应加大低碳旅游的宣传力度，在旅游行业推行循环经济，制定低碳标准，鼓励开发低碳旅游产品；倡导低碳消费，通过生动活泼的形式宣传、引导旅游者选择低碳化旅游方式，促使每一个旅游者从自身做起，培养低碳消费理念，增强节能减排意识，了解低碳旅游的内涵与意义。例如，每年5月20日是"全球低碳日"，可以组织大型活动开展低碳旅游宣传，通过举办徒步大会、低碳旅游博览会等活动，扩大低碳旅游的知名度和影响力。鼓励旅游企业、大中专院校研发低碳专利技术，激励引导旅游主体争创低碳企业、绿色企业，使广大旅游者争做"文明游人""低碳旅游者"。引入公共财政支持。对达到低碳标准的绿色旅游饭店、低碳景区、旅行

社及优秀导游人员、文明旅游者,给予一定的物质奖励,加大低碳旅游的宣传。

2. 引进碳汇机制,完善碳市场体系

在旅游业中引进碳权交易、碳金融等低碳市场交易模式,完善低碳经济市场体系。通过市场规律的自行运作和政府行为的有效干预,构建完善的低碳旅游市场体系。

(二)旅游企业

旅游企业作为旅游业低碳化发展的重要行为主体,是低碳旅游行为的主要实施者。旅游企业的经营理念和管理方式与低碳旅游的实现有着直接关系。首先,旅游企业要树立低碳理念,打造低碳旅游形象和品牌,创造良好的低碳旅游氛围,使低碳成为吸引游客的新着眼点;其次,采用新技术、新材料开发低碳旅游产品,使低碳成为推动旅游业发展的新的增长点;最后,创建低碳旅游景区(点),推行低碳旅游方式和低碳旅游线路,使旅游业成为真正的"无烟工业"。

对旅游企业,还应当格外关注建设低碳旅游的相关设施。值得注意的是,这些设施本身主要有两种来源,分别是依托于先进的低碳技术对原有的产品进行改造,以及直接使用低碳技术进行建造,主要功能就是接待游客。一般而言,相关设施种类颇多,其中包括交通设施、住宿设施、娱乐设施等。另外,要建设低碳交通设施,可以选择电动车、自行车,并规划低碳游览道路等;要发展低碳卫生设施,建设生态厕所与生态垃圾桶等;要建设低碳能源供应系统,发展绿色能源,比如风能、太阳能等。

(三)倡导全民参与

为扩大低碳旅游的影响力,就不能只依靠当地政府和相关企业的努力,还需要社会各界人士共同努力,实现全民参与。参加的人数增加之后,低碳旅游就有余力实现全面且深入的发展。进一步强化关于低碳旅游的宣传力度,使越来越多的人能够第一时间选择低碳旅游的出行方式,无论是交通还是住宿,选择低碳的方式。通过引导越来越多的人参与其中,有效促进低碳旅游实现可持续发展。

参考文献

[1] 刘贤明.滨海旅游文化研究[M].济南：山东人民出版社，2014.

[2] 张伟强.旅游资源开发与管理[M].广州：华南理工大学出版社，2005.

[3] 刘洪滨，孙吉亭，刘康.山东省滨海旅游及旅游业[M].北京：海洋出版社，2004.

[4] 王倩，李亚宁.渤海海洋资源开发和环境问题研究[M].北京：海洋出版社，2018.

[5] 陈扬乐，陈曼真.海南省潜在滨海旅游区研究[M].北京：海洋出版社，2013.

[6] 刘明，吴珊珊，刘坤.中国滨海旅游业低碳化发展途径与政策研究[M].北京：社会科学文献出版社，2017.

[7] 韩林飞.滨海旅游度假区生态与经济规划[M].北京：中国电力出版社，2007.

[8] 吴丰林.中国滨海旅游发展理论与规划实证[M].天津：南开大学出版社，2019.

[9] 石培华.海洋旅游发展的中国模式[M].北京：中国旅游出版社，2021.

[10] 包红霏，何敏.营口滨海旅游市场分析与规划研究[M].沈阳：东北大学出版社，2017.

[11] 陈超.《山东省滨海旅游及旅游业》指导下的青岛海洋旅游资源开发研究[J].人民黄河，2021，43（8）：166.

[12] 卢婧，杨跃辉.滨海旅游城市品牌竞争力研究述评[J].特区经济，2021（5）：157-160.

[13] 李兆华.广西滨海旅游资源特色及开发建议[J].南宁师范高等专科学校学报，2008，25（4）：15-16.

[14] 熊坚.滨海体育旅游业的发展及资源开发探寻[J].中国市场，2019（8）：61-62，65.

[15] 刘在森，姜春燕.青岛滨海旅游资源开发策略研究[J].产业与科技论坛，2011，10（11）：42-43.

[16] 吴姗姗，刘明，张凤成.我国滨海旅游低碳化发展公共政策研究[J].北京第二外国语学院学报，2015，37（9）：34-41.

[17] 长生.滨海旅游资源及其开发概况[J].海洋信息，1996（10）：18-19.

[18] 贾泓.中国滨海旅游业的发展[J].海洋与海岸带开发，1993（2）：32-35.

[19] 刘佳，韩欢乐.基于生态文明建设的滨海旅游低碳转型研究[J].资源开发与市场，2014，30（5）：625-629.

[20] 王芳，朱大奎.全球变化背景下可持续的滨海旅游资源开发与管理[J].自然资源学报，2012，27（1）：1-16.

[21] 李姗.滨海旅游资源分类与评价研究[D].曲阜：曲阜师范大学，2016.

[22] 于艳.沿海开发背景下江苏滨海低碳旅游发展模式研究[D].南京：南京师范大学，2011.

[23] 李超.滨海城市可持续性旅游规划理论研究[D].天津：天津大学，2010.

[24] 李怪辰.全域旅游背景下营口黄金海岸带滨海旅游资源评价与开发研究[D].沈阳：沈阳师范大学，2021.

[25] 甘志国.滨海地区自然旅游资源开发潜力评价研究[D].上海：上海师范大学，2008.

[26] 何巧华.资源型岛屿旅游安全管理研究[D].泉州：华侨大学，2008.

[27] 褚夫秋.滨海旅游资源价值评估研究[D].青岛：青岛大学，2006.

[28] 韩卢敏.福建省滨海旅游开发模式与实证研究[D].福州：福建师范大学，2005.

[29] 赵仕祥.山东半岛滨海体育旅游资源开发战略研究[D].济南：山东体育学院，2015.

[30] 王斌.我国滨海旅游产业生态创新及评价研究[D].青岛：中国海洋大学，2015.